Die wüsten Tiere
In der großen Stadt

Weitere wüste Abenteuer
sind in Vorbereitung!

Katalina Brause

Die Wüsten Tiere

In der großen Stadt

Mit wüsten Bildern von
Wiebke Rauers

Für Carolin
und die wunderbarsten Kinder der Welt.
Thank you, Mr. Vince Gilligan.

Inhaltsverzeichnis

Willkommen in Sandara!

Mitten in der Wüste Sandara, dort, wo das Licht magisch ist und schön und 1001-und-mehr Sandkörner goldorange glühen, da, unter einer alten Akazie, liegt der Termitenhügel. Unzählige Gänge winden sich in alle Richtungen durch ihn hindurch und gewaltige Höhlen führen tief in die Erde hinein. Der Termitenhügel ist groß wie ein Schiff und hat Platz für Millionen von Termiten ...

... oder für ganz andere, ganz besondere Tiere: Kichernd laufen sie durch die Gänge, spielen Fangen oder Verstecken und toben und tollen.

Es sind ...

Wie? Was?, wirst du fragen. Was machen ein Dromedar, ein Fuchs und ein Chamäleon denn in einem Termitenbau? Ganz einfach, es war so: Als die anderen Termiten den Bau verließen (und das taten sie irgendwann), war Timmy, die Termite mit den Boxhandschuhen, geblieben. Und Finnek, Dumdidum und Sandiago zogen bei ihm ein. Denn die vier sind die allerbesten Freunde.

Im Bau hat jeder von ihnen eine eigene kuschelige Höhle und eine eigene gemütliche Hängematte. Dumdidums Hängematte wirst du leicht erkennen: Man findet immer ein großes Glas Dattelmarmelade darin. Und in Sandiagos Hängematte liegt ein geheimnisvoller Koffer. Ihr werdet noch von ihm hören …

Wenn es Nacht wird, sitzen unsere Freunde vor dem Bau unter der Akazie. Der Sand türmt sich in unendlichen, sanften Wellen vor ihnen auf. Der Himmel ist tiefblau und ganz um einen herum, so als wäre man in ein Tintenfass gefallen. Die Sterne sind wunderschön, sie funkeln und scheinen zum Greifen nah. Nachts wird es kalt in Sandara. Dann machen die Freunde ein Feuer, hören, wie es knackt und knistert, und lauschen dem Wind, der durch die Akazie streicht.

Ab und an kommen Tiere vorbei. Vielleicht die Post-Antilope, die morgens die Zeitung bringt. Vielleicht die Gundis, die ein bisschen aussehen wie Meerschweinchen und mit offenem Mund und großen Augen Timmys Kampfkünste verfolgen.

Und vielleicht ist es der Nachbar Karl, der bei unseren Freunden vorbeischaut. „Nur noch eine Ladung", sagt er dann und rollt eine Kack-Kugel an ihnen vorüber. (Er ist nämlich ein Pillendreherkäfer, und die können so was – Kugeln machen.)

So sitzen sie alle da und lauschen und gucken und seufzen und sind glücklich. Irgendwann tapsen sie zurück in den Bau und lassen sich von Sandiago noch was vorlesen, ganz eng aneinandergekuschelt.

Wenn ihre Augen vor Müdigkeit sparschweinschlitzschmal sind, schlüpfen sie in ihre Hängematten. Ach, wie herrlich es ist, dass alle Höhlen miteinander verbunden sind und man noch miteinander flüstern kann … So hallt ihr Tuscheln und Kichern durch die Gänge und wird weniger und weniger, bis es schließlich verklingt. Nur noch das Knarzen der Hängematten ist zu hören. Sanft schwingen die Freunde darin hin und her. Und hin und her. Hin …

Bald dringt ein zartes Termitenschnarchen durch den Bau …

Snarpüüüh…

Und dann schlafen auch die anderen.

Ja, es ist wunderbar ruhig und friedlich im Termitenhügel, dort zwischen den 1001-und-mehr Sandkörnern mitten in Sandara …

Doch die Welt ist groß und voller Überraschungen und das Abenteuer wartet an jeder Ecke. Auch auf unsere Freunde.

Und mit verbrannten Frühstückseiern fing alles an …

Erstes Kapitel,
in dem Dumdidum einen verrückten Plan fasst

Nichts, aber auch gar nichts deutete an diesem ruhigen Morgen in der beschaulichen Wüste Sandara darauf hin, dass unsere vier Freunde bald in ein Abenteuer aufbrechen würden. Es waren sanfte 55 Grad, der Himmel war blau. Sand, wohin das Auge reichte. 1001-und-mehr Sandkörner glühten sich warm – und irgendwo hinter einer Düne rollte der Pillendreher Karl seine Kugeln. Aus dem Termitenbau im Schatten der alten Akazie drang ein sanftes Schnarchen.

Nur Dumdidum, das kleine Dromedar, war schon wach. Er saß vor dem einzigen Felsbrocken weit und breit und schlug darauf wie jeden Morgen die Frühstückseier auf: vier Eier, für jeden der Freunde eins.

Zisch! Die Eier brutzelten auf dem sonnenheißen Felsbrocken los, als plötzlich die Erde zitterte, eine Antilope in rasendem Galopp auf Dumdidum zusprang und – watz! – Dumdidum etwas an den Höcker knallte.

„Aua!" Dumdidum sah nach unten. Eine Zeitung lag vor seinen Hufen: die WÜSTENWELT. „Menno!", rief Dumdidum der Post-Antilope hinterher. „Warum so eilig?"

Die Post-Antilope war vollbepackt mit Zeitungen. „'tschuldige, Dumdidum, furchtbar viel zu tun!", rief sie und sprang weiter. „Extrablatt zum Großen Rennen von Turboland! Muss noch die ganze Ladung verteilen!" Und schon war sie weg. Während das Frühstück weiter vor sich hin brutzelte, hob Dumdidum die Zeitung auf. Merkwürdig. Heute sah sie anders aus als sonst: Dicke rote Buchstaben waren darauf.

DER GROSSE PREIS VON TURBOLAND

Neugierig sah Dumdidum die Zeitung näher an.

Unter dem Foto stand:

DER GROSSE PREIS VON TURBOLAND

Die ewigen Gewinner des großen Autorennens:

DIE GEMEINEN DREI.

Werden sie wieder gewinnen?

Aber das konnte Dumdidum ja nicht lesen. Er schaute nur das Foto an. Drei wilde Tiere blickten stolz in die Kamera. Irgendwie sahen sie nicht sehr nett aus.

Dumdidum schüttelte sich. Er schaute schnell auf ein anderes Foto. Und genau in diesem Moment fing das Abenteuer an.

Das wusste Dumdidum aber nicht. Er war viel zu sehr damit beschäftigt, das zweite Foto anzustarren.

Tiere waren darauf abgebildet, viele jubelnde Tiere.

Wassertropfen fielen vom Himmel – es regnete!

Und mittendrin dieses Ding, etwas, was Dumdidum noch nie gesehen hatte – wie auch, in der Wüste?

Dumdidum rieb sich die Augen. Aber das, was Dumdidum gerade zum ersten Mal sah, war immer noch da:

Ein Regenschirm war es.

Ein roter Regenschirm, rund und eckig, beides zusammen.

Ein Tier hielt ihn hoch über dem Kopf, wie ein eigenes kleines Dach zum Mitnehmen.

Das Dach leuchtete wie eine rote Blume. Ein Rot-Rot war das.
Direkt ins Herz ging Dumdidum das Rot-Rot.

„Menno", seufzte er. Mit so einem Dach über dem Kopf, dachte
das kleine Dromedar, kann einem nichts passieren. Er legte
die Schnauze auf das Foto und träumte.

Plötzlich hob er den Kopf; sein Herz pochte so schnell wie die
Kolben im Motor eines Rennwagens: Ob es im Turboland wohl
noch mehr rote Regenschirme gab?

Die Spiegeleier verbrannten. Dumdidum merkte es nicht.
Er schnappte sich das Dattelmarmeladenglas und lief los. Die
Lichterkette um seinen Höcker wackelte hin und her.

Rot-gelb-blau blinkte sie, aufgeladen von der Sonne.

Rot-gelb-blau lief sie durch den Sand.

Rot-gelb-blau lief sie über die Düne …

… bis etwas Ungeheuerliches geschah: Die bunten Lichter
verschwanden. Und mit ihnen Dumdidum.

Herrje.

Zweites Kapitel,
in dem unsere Freunde eine geheimnisvolle Spur finden

Sich anzuziehen war für eine Termite nicht leicht. Wie jeden Morgen kämpfte Timmy mit seinen Boxershorts. Es war, als würde er in ein Spinnennetz steigen, immer verhedderte er sich.

„Ich glaub, die sind kaputt!", jammerte Timmy. „Finnek, hilfst du mir? Bitteee!"

Das war eine Kleinigkeit für den schlauen Wüstenfuchs. Zack!, hatte er die Boxershorts richtig herum gedreht und Timmy hineingesteckt.

„Humpf", hörten sie auf einmal Sandiagos Stimme.

Finnek und Timmy sahen sich an. Ihr Freund, das grummelige Chamäleon, humpfte zwar recht häufig, aber schon so früh am Morgen? Schnell eilten sie nach draußen. Dort roch es verbrannt.

Sie starrten auf die verkohlten Eier auf dem Felsen.

4 Eier.

Für 3 Tiere.

Etwas stimmte nicht.

„Hey, Freunde!", rief Finnek. „Dumdidum ist weg!"

„Und die Spiegeleier sind verbrannt!", rief Timmy. Er ließ seine Boxhandschuhe gegeneinanderdonnern und sah sich unternehmungslustig um. „Los, besorgen wir uns was anderes zum Frühstück!"

Sandiago aber blickte besorgt in den Himmel. „Oje ... Wenn Dumdidum bloß kein Raubtier gefressen hat ..."

„Pfff... Pustekuchen!", rief Timmy. „Ich geb dir gleich Raubtier! Ich hab Hunger, merkste was? Kooooohldampf!"

Finnek lief auf sie zu. „Hey, Freunde!", rief er aufgeregt. „Dumdidums Dattelmarmelade ist weg! Wisst ihr, was das bedeutet?"

„Das bedeutet", fragte Sandiago erschrocken, „dass das Raubtier erst Dumdidum gefressen hat und dann die Dattelmarmelade – als Nachtisch?"

Der Wüstenfuchs schüttelte den Kopf. „Das war kein Raubtier!", rief er. „Schaut doch, da sind Spuren!"

Und wirklich: Im Sand waren Abdrücke. Sie führten eine Sanddüne hinauf.

„Sehen aus wie von Flip-Flops", knurrte Sandiago.

„Dromedar-Flip-Flops", ergänzte Timmy.

„Dumdidums Flip-Flops!", rief Finnek. „Los, Freunde, alle mir naaaach!"

Gemeinsam rannten sie die Düne hinauf. Die Spur führte zu einem Rohr, das wie ein Erdmännchen aus dem Sand in die Höhe ragte. Daneben lag die WÜSTENWELT.

Dumdidum war nicht da.

Timmy kratzte sich am Kopf. „Die Zeitung liegt direkt neben dem Eingang zu den Rutsch-Flutsch-Röhren ..."

„Auweia", sagte Sandiago. „Wisst ihr, was auf der Zeitung steht? Da steht: *Macht alle mit! Das große Autorennen von Turboland startet bald!*"

„Denkt ihr, was ich denke?", fragte Finnek. „Dumdidum ist ins Rohr gehüpft! Er will ins Turboland!"

Timmy verdrehte die Augen und stampfte auf. „Auch das noch! Ich habe Huuuuuuunger!"

„Auweia", sagte Sandiago kopfschüttelnd. „Ihr kennt doch Dumdidum: Der verläuft sich oder verliert die Flip-Flops und wird gefressen ... Oder er verliert nicht die Flip-Flops. Jedenfalls wird er gefressen ..."

„Dieser Dickkopf! Warum hat er uns denn nicht gefragt, ob wir mitkommen? Was machen wir jetzt?" Timmy sah Finnek ratlos an.

Der Wüstenfuchs hopste auf das Rohr und trippelte aufgeregt hin und her. Dieses Foto da, von den Rennwagen ...

Finnek fühlte sich, als hätte er ein buntes und glitzerndes Geschenk bekommen, das man sofort aufreißen will, sofort! Und wisst ihr, warum? Der kleine Wüstenfuchs witterte ein Abenteuer!

Sandiago wurde blass. „Finnek, was hast du vor?", fragte er. „Geh sofort da runter! Weg da! Weg von der Rutsch-Flutsch-Röhre!"

Die Rutsch-Flutsch-Röhren waren Rohre unter der Erde. Kreuz und quer liefen sie, in Kurven und Loopings. Früher einmal hatten sie Wasser in die Wüste Sandara bringen sollen, aber irgendjemand hatte wohl vergessen, den Wasserhahn aufzudrehen. Und so blieb ein unterirdisches Kanalsystem, das weit verzweigt war und in die ganze Welt führte.

Sagte man in Sandara. Denn in Wirklichkeit war noch kein Tier aus Sandara jemals in den Rutsch-Flutsch-Röhren gewesen. Es war viel zu finster da drinnen.

Finnek tippelte mit den Tatzen auf dem Rohr hin und her.

Tiptap!

Tiptap! machten die Tatzen. *Tiptiptap!*

„Du willst doch nicht etwa in die Röhre?", knurrte das Chamäleon.

Tiptap! Tiptap!

„Wehe!", knurrte Sandiago.

Finnek stoppte und richtete sich auf. „Los, Freunde!", rief er. „Wir springen hinterher!" Er sah Sandiago beschwörend an. „Dumdidum braucht unsere Hilfe ... Wir können ihn nicht allein im Turboland lassen!"

Paff! Timmy schlug begeistert die Boxhandschuhe gegeneinander. Dann krabbelte er das Rohr hoch. „Auf geht's, auf nach Turboland!"

„Alle mir naaach!" Finnek sprang zuerst.

Alle sprangen hinterher. –

Fast alle.

Drittes Kapitel
mit klappernden Zähnen

Sandiago stand mit klappernden Zähnen da und bewegte sich kein Stückchen weiter. „Ohne mich!", sagte er.

Finnek lugte heraus. „Komm schon! Spring! Wir müssen ins Turboland!"

Sandiago bewegte sich nicht vom Fleck.

Timmy krabbelte an Finnek hoch und flüsterte ihm etwas ins Ohr. „Er hat doch Angst im Dunkeln …"

Sandiago schnaubte. „Das hab ich gehört, du Ameise! Ich? Angst im Dunkeln? Haha! Ha!" Er tupfte sich den Schweiß von der Stirn. „Außerdem …", das Chamäleon öffnete sein Köfferchen und griff hinein, „habe ich eine Taschenlampe!"

„Na bitte!" Finnek strahlte. „Dann kann's ja jetzt losgehen!"

Sandiago rührte sich nicht.

„Was denn noch?", fragte Finnek. „Was ist schlimmer als Angst im Dunkeln?" Sandiago senkte den Kopf.

„Hallo?", fragte Timmy. „Bist du eingeschlafen?"

„Humpf", machte das Chamäleon leise. „Turboland! Viiiiiiel zu gefährlich!" Er sah seine Freunde an. „Da soll es Handy-Hyänen geben und ... und ... noch viel schlimmer: die Gemeinen Drei!"

„Die Gemeinen Drei?", staunten die anderen. „Wer ist das?"

„Riesige Raubtiere ... Sie haben Zähne, hoch wie Wolkenkratzer und scharf wie Haifischflossen!"

„Na und?", rief Finnek. „Wir sind zu viert!"

Allmählich wurde der Wüstenfuchs etwas nervös. Sie mussten sich beeilen: Dumdidum war schon einige Zeit weg, mit nichts als Flip-Flops an den Hufen, einer Lichterkette um den Höcker und einem Glas voll Dattelmarmelade.

Er hatte keine scharfen Zähne wie ein Wüstenfuchs.

Er konnte nicht die Farbe wechseln wie ein Chamäleon.

Und er konnte sich nicht so gut verstecken wie eine Termite.

Er war ein einfaches, verträumtes Dromedar und der jüngste der Freunde noch dazu!

„Wir müssen ihm helfen!", riefen Timmy und Finnek gleichzeitig.

Sandiago schaute sie kläglich an. „Aber, aber ...", sein Blick richtete sich gegen den Himmel, „... es wird Regen geben!"

Das war natürlich Quatsch. Es regnete so gut wie nie in der Wüste Sandara. Tagsüber war es so heiß wie ein Brathähnchen und nachts kalt wie deine Zunge am Eis am Stiel.

„Ich geb dir gleich Regen!", rief Timmy. „Du hast einfach vor
allem Angst! Setz mal deine rosa Sonnenbrille auf! So gefährlich ist Turboland bestimmt nicht! Außerdem hast du mords-
mäßiges Glück: Du hast eine superstarke Termite bei dir,
merkste was? Hier ..." Das Kerlchen reckte die Ärmchen hoch.
„Das sind Muckis! Was soll dir da passieren?"

Sandiago schwieg. Er schien zu überlegen. Und dann nickte er.
„Also gut", sagte er. „Fragen wir den Glückssand."

„Na, herzlichen Glühstrumpf!", stöhnte Timmy. „Der Glückssand. Nicht schon wieder."

Sandiago lebte in ständiger Angst vor allem Möglichen. Und
darum war er ständig auf der Suche nach Dingen, die ihn
beschützten. Er liebte Pflaster und Hustensaft und überhaupt
Medizin und er liebte Glücksbringer aller Art. Vor allem aber
liebte er seinen Glückssand, der die Zukunft vorhersagen
konnte – das glaubte jedenfalls das Chamäleon.

„Aber der Glückssand mag doch nie Abenteuer!", rief Finnek.

Aber Sandiago ließ sich nicht beirren. Er öffnete das Säckchen, das er um den Hals trug, ließ etwas Sand auf seine Hand rieseln und warf die Körnchen mit einer großen Bewegung durch die Luft. Der Sand glitzerte und flirrte in der Morgensonne und verteilte sich auf der Düne.

„Humpf!" Sandiago guckte angestrengt in die Wüste. „Ich hab es doch gewusst: Wir können auf keinen Fall da rein. Da lauert Gefahr!" Das Chamäleon klammerte sich an sein Köfferchen. „Da drin sind Löcher."

„Löcher?" Finnek hob die Augenbrauen.

Sandiago senkte die Stimme.

Die Freunde mussten muckmäuschenstill

sein, um ihn zu verstehen,

so leise sprach er.

„Da, in den Röhren", er zeigte auf den Eingang, „sind riesige Löcher! Wer in so eins hineinfällt, der verschwindet auf Nimmerwiedersehen. Er fällt und fällt und fällt ..."

„Und fällt." Timmy nickte. „Schon verstanden. Komm", sagte er zu Finnek, „wir gehen. Dumdidum braucht uns."

Sandiago verstummte. Auweia. Er wollte Dumdidum doch auch helfen, das kleine Dromedar war sein Freund! Aber er hatte solche Angst ...

Genau in diesem Moment hatte Finnek eine Idee. „Gut, Timmy", sagte er listig, „lass uns gehen. Wir finden Dumdi auch zu zweit. Und wer weiß, vielleicht finden wir ja sogar Mondstreu!"

„Ha! Mondstreu! Ätschi, kriegste nich'!" Timmy streckte Sandiago die Zunge raus. „Hasta la biesta! Tschüss, Sandiago!"

„Halt! Wartet! M... Mondstreu?", stammelte Sandiago. „Meint ihr etwa, im Turboland gibt es Mondstreu?" Er schluckte. „Unsereiner sucht schon sehr lange Mondstreu. Schon ... mindestens eine halbe Ewigkeit." Sandiago kaute auf dem Bügel seiner rosaroten Brille herum. Weise Chamäleons, viel älter als er, Chamäleons, die sich schon in alle Farben der Welt verfärbt hatten, hatten von dem geheimnisvollen Streu geschwärmt. Beinahe wie Glückssand fühle es sich an, nur sei es unendlich feiner und weißgelb, so wie der Mond.

Also fasste sich das grantige Chamäleon ein Herz ...

... und sprang.

Viertes Kapitel,
in dem eine Überraschung aus der Röhre flutscht

„Waaaaaaaaaaaaaaaaaaah!"

Die drei Freunde stürzten in die Finsternis, tief in die Erde ging es, sie rutschten, flutschten und sausten, dann ging es hoch und wieder hinab, schneller und schneller wurden sie …

„Achtung! Jetzt kommt der Looping!", schrie Finnek. „Haltet euch feeeeeeest …"

Doch schon purzelten sie durcheinander und rasten auf eine Abzweigung zu. Zwei Röhren gingen von dort ab. Über dem linken Rohr stand: Zum Großen Rennen von Turboland.

Und über dem rechten Rohr hing ein Schild.

„Waaaah! Freunde, da ist ein Loch!", rief Finnek. „Das Nimmer-Wiedersehen-Loch!" Sie rasten direkt darauf zu.

Sandiago klammerte sich an sein Köfferchen. „Tu doch was, Finnek! Hilfe!"

Tja, wenn man sich zur anderen Seite lehnen würde wie beim Schlittenfahren, dann würde man im linken Rohr landen und an dem gefährlichen Loch einfach vorbeirutschen. Jeder, der schon mal Schlitten gefahren ist, weiß das. Nur leider waren unsere Freunde noch nie Schlitten gefahren …

„Hiiiiiiiiiiiiiiiiiiilfe!", rief Timmy.

„Hätte ich nur auf den Glückssand gehört!", bibberte Sandiago, während das Loch immer näher kam.

Da drehte sich Finnek zu ihm um. „Sandiago, ich hab's!", schrie er. „Schleuder dein Medizinköfferchen auf die linke Seite! Mit Schwung! Aber nicht loslassen, du musst den Koffer gut festhalten! Und wir werfen uns auch alle zusammen auf die Seite. Dann flutschen wir links durch, bestimmt!"

Timmy nickte und machte sich bereit.

Sandiago schluckte. Also gut.
Sie hatten keine andere Chance,
denn da war es schon, das Loch.
„Alle zusammen! Eins ...“
Timmy ballte die Fäuste.
„Zwei ...“

Sandiago machte die Augen zu und packte den Koffer, so fest er konnte.

„Kartoffelbrei!", rief Finnek.

Sandiago schleuderte den Koffer nach links und die Freunde warfen sich hinterher.

Und dann war es passiert.

Unsere Freunde flutschten ins rettende Rohr, vorbei am Nimmerwiedersehen-Loch, und rutschten Richtung Turboland. Doch ehe sie durchatmen konnten, rumsten sie mit Karacho in etwas hinein.

Weich und warm war es und aus Fell.

„Aua!", sagte eine Stimme, die ihnen bekannt vorkam. „Wer ist denn da? Kannst du mal schieben?", sagte die Stimme. „Ich stecke fest!"

Und wirklich: Dromedar-Bauch und Beine und Höcker steckten im Rohr. Der Dromedar-Kopf war draußen.

„Dumdidum! Wir sind's!", rief Finnek.

„Wie schön, dass ihr da seid!", antwortete Dumidum. „Das müsst ihr euch anschauen! Ich sehe schon ein Stückchen Turboland!"

Finnek, Timmy und Sandiago waren glücklich. Sie hatten ihren Freund gefunden!

Nun würden sie noch einen kleinen Blick auf dieses große Turboland werfen (dachte Finnek), vielleicht ihr allererstes Eis in ihrem Wüstentiere-Leben essen (dachte Timmy) und dann schnell zurück nach Hause (dachte Sandiago).

Heute Nacht würden sie zusammen unter dem Sternenhimmel von Sandara sitzen ... Karl, der Käfer, würde eine Fuhre vorbeischieben und alles wäre wieder in Ordnung. Hach. Wie schön.

So dachten sich das die Freunde.

„Dein Popo sitzt da fest wie ein Stöpsel", grummelte Sandiago. Timmy hüpfte ungeduldig auf und ab. „Lasst mich mal drücken!" Die winzige Termite stemmte sich gegen den Dromedar-Po. *„Huaaah!"* Sein Kopf wurde tomatensoßenrot. Er drückte mit der ganzen Kraft der Termite, aber das Dromedar bewegte sich nicht ein Stück.

Erst als alle drei zusammen schoben, gelang es: Dumdidum plumpste nach draußen.

Die Freunde krabbelten hinterher und hopsten der Reihe nach ins Freie.

Neugierig sahen sie sich um. Das Rohr endete in einem verlassenen Hinterhof. Eine Einfahrt führte zu einem Torbogen. Mit pochendem Herzen traten sie hindurch.

„Wow!" Dumdidum wackelte aufgeregt mit dem Höcker.
„Guckt euch das an ... Turboland!"

Glitzernde Häuser ragten auf. Bis an die Wolken reichten sie, so hoch waren sie.

Da war Glas.

Da war Beton.

Und über allem, in allem, Lichter. Es war, als stünden sie in einem einzigen rot-grün-gelben Funkeln ...

Tiere wuselten herum, Tausende von Tieren, geschäftige Tiere, überall. Lastwagen waren da und Cabriolets und Kleintransporter und Stände, in denen es zu essen gab. Es dampfte und zischte, es ratterte und rollte, es hupte und knatterte ...

Nicht nach Sandglühen roch es da, nicht nach steinerner Kargheit und verkohlten Spiegeleiern. Nein, es war etwas anderes: Benzin und Rauch und Kohle und vorbeihastende Tiere und dann und wann ein Geruch von Zuckerwatte und Kaugummi ...

Ein Scheppern riss die Freunde aus ihrem Staunen.

„Da ist was im Hof, im Rutsch-Flutsch-Rohr!", rief Finnek. Schnell lief er zurück zur Röhre und spähte hinein. „Ich kann nichts sehen!"

„Vorsicht!", rief Timmy, der ihm nacheilte. „Ich glaub, da kommt was rausgeschossen!"

Doch zu spät.

Boing – flog Finnek ein Schraubenschlüssel gegen den Kopf.

Ein kleines, felliges Etwas flog hinterher, landete auf dem Po und rappelte sich hastig wieder auf.

Finnek, Dumdidum, Sandiago und Timmy starrten das Etwas an.

Es hatte die größten Füße, die sie jemals gesehen hatten.

Fünftes Kapitel
von zartrosa Pfötchen

Die Freunde mochten das Etwas sofort.

„Was glotzt'n ihr so?", fragte es. Und – unter uns: Für ein kleines, felliges Etwas mit verflixt großen Füßen klang es ganz schön schnodderig. „Noch nie ein Kängurumaus-Mädchen gesehen? Ihr kommt wohl nicht von über dem Meer!"

„Ha-haben da alle solche Augen wie du?", stotterte Timmy verlegen.

Die Augen des Kängurumaus-Mädchens waren groß und glänzten und in ihnen waren winzige goldene Pünktchen – so, als wäre Sternenstaub auf sie gefallen. Darüber bogen sich lange Wimpern. Ihre Pfötchen waren zartrosa und lieblich wie ein duftender Pfirsich.

Man hätte fast meinen können, das Kängurumaus-Mädchen sei ein ganz *gewöhnliches* Zartrosa-Pfötchen-und-Sternenstaub-Augen-Mäusemädchen ...

Pustekuchen!

„D", sagte es lässig und zeigte auf Sandiago, der ihren Schraubenschlüssel aufgehoben hatte.

„DEH?" Sandiago wich erschrocken zurück. Jetzt sah er, dass die Kängurumaus einen Blaumann trug.

„‚D' wie: ‚Du da!' Pfoten weg! Das ist meiner."

Die Kängurumaus schlenderte zu Sandiago und nahm ihm den Schraubenschlüssel ab.

„Ich brauch den", sagte sie lässig und schob ihn in die Tasche ihres Blaumanns. „Der war ins Rohr gefallen. Da bin ich hinterher." Sie drehte ihn ein paar Mal um ihre zartrosa Pfote. Dann lächelte sie und sagte freundlich: „Ich bin übrigens B. ‚B' für ‚Briosch'."

„F", sagte Finnek. „‚F' wie ‚Finnek'." Und die anderen machten es ihm nach.

Später konnte keiner mehr von ihnen sagen, wann es genau geschehen war. Vielleicht, als Briosch gegen Mittag sagte: „Den da. Den nehmen wir", und sich in einen Kreisverkehr setzte, zwischen all die Blumen in der Mitte, und die Freunde die Autos vergaßen, die um sie herum kreisten. Vielleicht, als Briosch ihren Käse auspackte und mit ihnen teilte. Vielleicht, als sie kichernd Mäusewitze erzählte, der Nachmittag verstrich und es Abend wurde und sie sagte: „Übernachten? Kein Problem, Jungs! Ich hab 'ne Freundin hier, da können wir alle schlafen. Bei ihr um die Ecke gibt es auch eine tolle Eisdiele – und …" Sie stockte und sagte traurig: „Na ja … dann flutscht ihr ja wieder zurück …"

Vielleicht geschah es da.

Doch wahrscheinlich geschah es schon jetzt, genau in diesem Augenblick, vor dem Ausgang der silbern glänzenden Rutsch-Flutsch-Röhre in dem alten Hinterhof, mitten im glitzernden Turboland:

Briosch, Timmy, Finnek, Sandiago und Dumdidum wurden …

F.

Wie Freunde.

Ach, hätte es nur immer so bleiben können!

Doch gerade, als sie den letzten Käsehappen aufgegessen hatten, die Sonne schon tiefer stand und Sandiago die Picknickdecke in seinem Koffer verstaute, donnerte ein schwarzer Rennwagen auf den Kreisverkehr zu. Er knatterte und dröhnte, lauter als alles andere Knattern und Dröhnen und Hupen und Lärmen um sie herum, und in einem Affenzahn raste er um den Kreisel, ein Mal, zwei Mal, drei Mal, imme weiter im Kreis, immer um die Freunde herum.

„Ich glaube, der findet die Ausfahrt nicht", sagte Dumdidum.

Sandiago wurde blass. „Das macht der extra."

Wie ein böser Feuer speiender Drache spuckte der schwarze Wagen Abgase aus. Er hatte sieben dicke Auspuffe. Bald steckten die Freunde in einer dichten schwarzen Wolke.

„Ich krieg keine Luft", röchelte Finnek.

„Lasst uns abhauen!", schrie Sandiago und stürzte los.

„Spinnst du?" Finnek riss ihn gerade noch zurück. „Jetzt ist viel zu viel Verkehr. Da kommen wir niemals durch!"

„Das heißt … wir sind hier gefangen?" Dumdidum hustete, während der schwarze Wagen ein weiteres Mal hupend an ihnen vorbeisauste.

„Ich kann nichts mehr sehen!", schrie Timmy und sein winziges Herz raste.

Das schwarze Auto ließ sie einfach nicht von der Verkehrsinsel.

„Ich seh schwarz", grummelte Sandiago und diesmal war es wirklich so vor lauter Abgasen.

Ängstlich rückten die Freunde zusammen. Brioschs Schnurr-haare zitterten. Da hörten sie, wie der Motor gedrosselt wurde und das Auto langsam auf sie zurollte.

„Na endlich", keuchte Briosch. „Es bleibt stehen." Sie wedelte den Qualm beiseite. Da sah sie, wer in dem schwarzen Wagen saß.

Au Backe.

Sechstes,
gemeines Kapitel

Am Lenkrad saß ein Eisbär. Er hatte gemeine Augen. Neben ihm saß ein Tiger mit gemeinen Ohren und ganz hinten saß ein Löwe mit sehr gemeinen Zähnen. Alle drei grinsten.

Ein so mieses Grinsen war das, dass Timmy die Knie weich wurden. Und vielleicht, aber auch nur vielleicht, hatte er ein wenig Angst.

„Ach du Schreck!", flüsterte Briosch. „Das sind die Gemeinen Drei!"

Ja, es waren die Gemeinen Drei. Und sie waren mitten auf die armen Blumen der Verkehrsinsel gefahren. Das Auto stand, aber der Motor dröhnte noch immer.

Dumdidum zuckte zusammen. Er erkannte die drei Tiere sofort: Sie waren auf dem Foto in der Zeitung gewesen. Sie hatten diesen goldenen Fressnapf hochgehalten!

Sandiago bekam hektische Flecken im Gesicht und versuchte hastig, seinen Koffer hinter dem Rücken zu verstecken.

41

„Was macht ihr hier?", rief Finnek. „Das ist keine Straße!
Runter von den armen Blumen!"

Als Antwort drückte der Eisbär kräftig aufs Gas.

Abgase hüllten die Freunde ein.

Timmy wurde wütend.

„Hu...hust!", hustete Timmy. „Fällt euch nichts anderes ein?"

Der Eisbär grölte und trat wieder aufs Gas.

Die Freunde röchelten.

Sandiago tastete nach seinem Köfferchen und kippte um. „Ich
bin ohnmächtig!", rief er. Das war natürlich Quatsch. Er fühlte
sich nur so.

„Haut jetzt ab hier!", rief Briosch wütend und schaute zur
Straße. Aber es war immer noch dichter Verkehr. Ganz klar:
Über die Straße konnten sie jetzt nicht. „Lasst uns in Ruhe, ihr
Stinker!", rief die Kängurumaus.

„Wir hauen ab, wenn wir das wollen!", knurrte der Löwe von
der Rückbank, musste aber selbst husten und sagte zum Eisbären: „Los, mach den Motor aus!"

Der Löwe ließ die Pranke aus dem Fenster baumeln –
gemütlich sah das aus –, doch mitten im Baumeln schnellte
die Pranke hervor und schnappte sich den armen Finnek.

„Lass ihn sofort runter!", riefen die Freunde, doch der Löwe
grinste nur.

„Hey, was haben wir denn da?", rief er. „Ach wie süüüß! Ein
Puschelhase!"

Finnek biss und trat um sich. „Ich bin kein Puschelhase! Ich bin ein Wüstenfuchs! Aus Sandara! Und ich schmecke überhaupt gar nicht!"

Der Löwe ließ Finnek fallen und lachte los. Ein gewaltiges, donnerndes, felsenrumpelndes Lachen war es. Er beugte sich vor und schlug dem Eisbären und dem Tiger auf die Schulter. „Huahahaaa! Sandara! Ich glaub's nicht! Die Furzknoten kommen aus Sandara!"

Höhnisch sagte der Eisbär: „Da gibt's doch nur Sand, oder?" Seine Augen blitzten auf, als hätte er gerade einen sagenhaft fiesen Einfall gehabt. „Hey", sagte er langsam und fletschte die Zähne, „ihr spielt bestimmt den ganzen Tag noch im Sand!"

„Na klar", grölte der Tiger. „Da gibt's ja nichts anderes!"

„He, das sind solche Sandkastenbabys!", schrien die Gemeinen Drei und prusteten.

Die Freunde wagten nicht, sich anzugucken. Ach, wenn die Gemeinen Drei doch bloß verschwinden würden!

Doch was für ein Glück – der Eisbär sagte: „Kommt, hauen wir ab! Wir wollen doch nicht, dass uns jemand mit diesen Verlierern sieht!" Er startete den Motor und streckte den Kopf aus dem Fenster. „Und immer schön Platz machen, wenn wir kommen, klar? Wir sind nämlich Gewinner ..."

„... und können nicht länger plaudern", ergänzte der Tiger. Er sah ungeduldig auf seine Armbanduhr. „Los, drück auf die Tube, wir müssen trainieren."

Während der Eisbär den Wagen wendete, rief ihnen der Löwe aus dem Fenster zu: „Das Große Rennen von Turboland wartet nämlich auf uns! Und wir gewinnen! Wie immer! Tschüss, ihr Verlierer!"

„Geeeeht's noch?" Timmy hatte sich von dem Schreck erholt. Wütend reckte er die Boxhandschuhe in die Höhe. „Ich geb euch gleich 'nen Gewinner! Hier habt ihr Gewinner! Wir sind die Gewinner!" Timmy hüpfte hoch und holte aus. *Plumpf!* Er traf nur die goldene Felge des Rennwagens.

Die Gemeinen Drei grölten. „Wie niedlich, du kleiner Loser!", brüllte der Löwe. „Tschüss mit üss!"

Endlich rasten sie mit quietschenden Reifen los.

„Na wartet!", schrie Finnek den Rücklichtern hinterher.

„Keiner nennt mich Puschelhase!"

Sandiago riss sein Medizinköfferchen auf. Ein Geruch nach Heumist und ekligem Blumenkohl und Mülleimer stieg auf und mischte sich mit der Abgasluft.

„Bäääh!", machte Dumdidum.

Auch Timmy hielt sich die Nase zu. „Was stinkt hier denn so? Das kommt aus deinem Koffer, Sandiago!"

Doch das Chamäleon beachtete ihn
nicht und kramte weiter darin herum.
Schließlich zog er das Herz-abhör-Ding
hervor und setzte es sich auf die Brust.
Sandiago horchte.
Nichts hörte er.
Dann ... *Bumm.*
Und ... *Bumm.*
Und wieder ... *Bumm.*
Sein Herz. Es schlug.
Er lebte noch!
Puuuuh.
Das Chamäleon war so mit sich beschäftigt,
dass er nicht mitbekam, wie Finnek immer noch
wild hin und her hopste und drohend die Pfoten hob.
Nur Briosch blieb ganz ruhig. „Wir werden sehen",
sagte sie lässig. „R ist B. Rache ist Blutwurst."

Siebtes Kapitel,
in dem es heiße Schokolade gibt

Brioschs Freundin Mia hatte die Freunde warm empfangen. Die pummelige ältere Hamsterdame wohnte in einem Apartmenthaus am Rande des Parks. Es war schon dunkel, als unsere Freunde dort eintrafen. Nun saßen sie um den kleinen Küchentisch und kosteten zum ersten Mal in ihrem Leben heiße Schokolade.

Dumdidum nippte an der Tasse. Die braune, dicke Flüssigkeit schmeckte wunderbar süß. Trotzdem schob das kleine Dromedar die Tasse zurück.

Auch die Freunde hatten nur genippt. Mit hängenden Köpfen starrten sie in ihre Tassen.

Ach, wie waren ihnen die Herzen schwer! Und ach, wenn das alles bloß nie passiert wäre! Wie gern hätten sie das schlimme Erlebnis einfach mit einem Radiergummi wegradiert!

Und so grübelten sie und schwiegen.

Mia wunderte sich über ihre schweigsamen Gäste. Aber sie wäre keine warmherzige, erfahrene Hamsterdame gewesen, wenn sie nicht einen aufmunternden Vorschlag für unsere Freunde gehabt hätte. „Schaut euch doch mal die Dachterrasse oben an!", schlug sie vor. „Der Blick ist fantastisch!"

Mit einem Schulterzucken ließen die Freunde ihre halbvollen Tassen stehen und schlurften bedrückt die Treppen hoch, Stufe um Stufe um Stufe. Außer Atem traten sie endlich auf das flache Dach.

Eine warme Brise wehte. Die Freunde beugten sich über das Geländer und ließen den Blick schweifen.

„Ooooooooh!" Dumdidum staunte.

Unter ihnen lag Turboland. Unzählige Lichter glitzerten in der Nacht, golden und gelb und lila und blau. So weit sie sehen konnten, blinkte ein Meer aus Licht, dazwischen lag dunkel der Park. Ein sanftes Rauschen drang herauf, das waren die Autos unter ihnen, die hier oben kaum noch zu hören waren.

„Habt ihr schon mal so viele Lichter auf einmal gesehen?", staunte Briosch.

„Das ist super-termitatisch-schön", rief Timmy und boxte die Fäuste zusammen.

„Galaktisch", wisperte auch Finnek mit offenem Mund.

Nur Sandiago winkte ab. „Humpf. So ein Lichtermeer haben wir jede Nacht am Himmel über Sandara! Und zwar für laukowski ... umsonst!" Er tat, als gähnte er. „Ich will nach Hause. Morgen früh hauen wir ab."

„Ihr wollt schon gehen?", fragte Briosch erschrocken. „Aber wir haben doch noch gar kein Eis gegessen! Und was ist mit dem Mondstreu?" Briosch ließ die großen Ohren hängen. Würden ihre neuen Freunde sie schon verlassen?

„Mondstreu", grummelte Sandiago. „Finde ich doch eh nie ...
Unsereins gehört nun mal einfach nicht hierher, stimmt's,
Finnek?"

Finnek schwieg. Noch immer ging ihm durch den Kopf, was
die Gemeinen Drei gesagt hatten. Das war gemeiner gewesen
als alles andere, was er jemals in der Wüste gehört hatte,
gemeiner als Angsthase und Pfeffernase zusammen!

Briosch legte das Pfötchen auf ihn. „Dieser doofe Löwe hat echt ‚Tschüss mit üss' gesagt, oder?", sagte sie leise. „Das ist so was von uncool." Sie ballte ihre Pfötchen. „Die haben ja keine Ahnung, was in uns steckt."

„Aber echt." Finneks Stimme klang erstickt. Wie von jemandem, der sehr, sehr wütend ist.

Dumdidum trottete dazu und setzte sich auf seinen Po. „Menno … Dabei stimmt das gar nicht, dass wir Sandkasten-babys sind, oder?" Dumdidum blickte seine Freunde ängstlich an. Er schaltete die Lichterkette aus. „So sehen wir den Mond besser."

Da war er, der Mond. Der Mond hing am dunklen Himmel, der gute, alte, blasse Mond, der so aussah, wie er immer ausgesehen hatte, nachts vor ihrem Termitenhügel … Und das tat ein bisschen gut und es tat auch ein bisschen weh, denn der Mond war wie ein Stückchen Heimat, aber ganz weit weg und klein wie ein Kekskrümel.

„Wie schöööön!", riefen sie alle andächtig. Und genau in diesem Moment – es war etwa 22 Uhr 13 –, genau da geschah ein Wunder.

Denn über einer großen Stadt sind Sterne kaum zu sehen, schon gar keine Sternschnuppen. Aber an diesem Abend, als unsere Freunde auf der Dachterrasse standen, war es so: *Swusch!*, flog eine Sternschnuppe über den Nachthimmel. Timmy sah sie zuerst. Er sprang auf und reckte seinen Boxhandschuh gegen den Himmel. „Heeee! Da ist eine Sternschnuppe! Wir dürfen uns was wünschen!"
Die Tiere blickten ihn neugierig an.

„Aber heimlich", sagte die Termite und reckte ihren Kopf nach oben. „Sonst geht es nicht in Erfüllung."

Könnt ihr euch vorstellen, was sich Timmy wünschte? Ich wünsche mir, dachte er, auf einem 1-2-3-Treppchen zu stehen. Genau über der schwarzen 1! Ich, Timmy, die Nummer 1! Als er mit dem Wünschen fertig war, sah er, dass Dumdidum die Augen geschlossen hatte und lautlos etwas vor sich hin flüsterte. Timmy brauchte Dumdidum nicht zu fragen, er fühlte auch so, was sich das Dromedar gerade wünschte: Sein Wunsch war rot-rot.

Neben ihm seufzte Sandiago. Sicher, dachte das Chamäleon, ich will nur sicher hier herauskommen ...

Und während Finnek die Pfote ballte und immer wieder nur *Puschelhase! Puschelhase!* dachte, schloss Briosch die Augen. Ich wünsche mir, dachte sie, dass endlich Kunden in meine Werkstatt kommen. Zu Hause, weit über dem Meer, hatte sie nämlich gerade eine kleine Werkstatt eröffnet. Nur hatte sie leider nichts zu tun: Kein Tier wollte sein Auto von einem kleinen Kängurumäusemädchen reparieren lassen, auch wenn sie es noch so gut konnte.

Als Briosch die Augen öffnete, stand Dumdidum vor ihr und wackelte verlegen mit dem Höcker. „Brioooosch", fragte er so beiläufig wie möglich, „bei diesem Autorennen, das die Gemeinen Drei unbedingt gewinnen wollen, gibt es da vielleicht zufällig einen Regenschirm als Preis oder so?"

Doch bevor Briosch antworten konnte, schrie Finnek dazwischen: „Was? Was hat Dumdidum gesagt?"

„Oder so. Dumdidum hat ‚oder so' gesagt." Briosch sah Finnek überrascht an.

„Nein, davor!", japste Finnek und lief hastig hin und her. „Das Autorennen! Die Gemeinen Drei machen beim Autorennen mit! Hey, Freunde, das ist es!" Finnek klatschte in die Pfoten. „Wir machen mit! Diesmal gewinnen wir den Großen Preis von Turboland!"

Die Freunde sahen Finnek verblüfft an. Doch aus dem Fuchs sprudelte es nur so heraus: „Und wisst ihr, wie wir uns

nennen? Wir nennen uns: Die wüsten Tiere!", rief er. „Das sind wir, das wilde, wüste Team, versteht ihr? Die Gemeinen Drei werden sich wundern, was in den wüsten Tieren steckt! Wir werden es ihnen zeigen!"

Die anderen sagten einen Moment gar nichts. Dann jauchzten und quietschten sie – ein Glücksquietschen war es, was ihnen im Bauch prickelte und unbedingt rausmusste, so schön war das alles – und sie hüpften und sprangen wild herum.

„Wir sind die wüsten Tiere!", riefen sie begeistert. Denn mit so einem Namen, einem gemeinsamen und turbotollen Namen, da fühlt man sich gleich doppelt stark und froh. „Wir gewinnen das Rennen!", schallte es über die Dachterrasse und Timmy boxte in die Luft. „Toreroooo!", rief er. „Zieht euch warm an, Gemeine Drei! Wir kommen!"

„Das wird ein Spaß!" Briosch drehte den Schraubenschlüssel in der Pfote. „Autos und ich – das ist wie Butter und Brot, versteht ihr?"

Dumdidum strahlte. Er dachte an den roten Regenschirm. „Sandiago!", rief Finnek. „Was ist mit dir? Wir fahren nur, wenn du auch mitfährst!"

„Bitte, fahr mit!", rief Briosch.

„Alle zusammen!", rief Dumdidum.

„Wir brauchen dich!", rief Timmy.

Gespannt blickten die Freunde ihn an. Ein Autorennen fahren? Viel zu aufregend und gefährlich und schnell für das Chamäleon, oder?

Doch es war eine Nacht voller Wunder und so sagte Sandiago, das grantige, vorsichtige, ängstliche Chamäleon: „Natürlich bin ich dabei. Auweia, wäre das schön."

Achtes Kapitel,
in dem die Freunde zu den wüsten Tieren werden und sich etwas schwören

„Du ... du bist dabei?", fragte Timmy verblüfft.

Sandiagos Augen leuchteten. Er setzte seine rosarote Sonnen-brille auf (was natürlich Unfug war, denn es war ja Nacht) und sprach. Und für einen, der sehr viel humpfte und sonst wenig Worte benutzte, sprach er ganz schön lang.

„Ihr wirkt so überrascht?" Er lächelte. „Nun, ich wusste es immer: Einmal ist auch unsereins dran. Einmal steht auch unsereins, ein einfaches Chamäleon, auf dem Siegertreppchen und der Großschlunz klopft unsereins auf die Schulter wie einem guten Kumpel."

Der Großschlunz! Daran hatten die anderen noch gar nicht gedacht! Der Großschlunz war ein altes, ehrwürdiges Krokodil, um das sich viele Legenden rankten – Sandiago las den Freunden abends oft die spannenden Abenteuer vor, die das Krokodil in seiner Jugend erlebt hatte. Leider schüttelte der Großschlunz aber bei jeder Siegerehrung die Pranken der Gemeinen Drei, überreichte ihnen goldene Fressnäpfe und Zitronenbonbons und noch ganz viel anderes.

„Wenn alle Tiere so wären wie ihr …", sagte er oft, denn der gutmütige, freundliche Großschlunz ahnte ja nicht, wie gemein die Gemeinen Drei waren!

Nun aber würde er ihnen die Pfoten schütteln, den wüsten Tieren! Und dazu brauchten sie nur noch: zu gewinnen.

Mann, wäre das schön.

Und so kam es, dass unsere Freunde über dem Hupen und Rauschen, dem Glitzern und Glimmen von Turboland einen Schwur ablegten.

Finnek senkte die Stimme. „Freunde!", sagte er fest. „Legt eure Pfoten und Fühler aufeinander und schwört!"

Die Freunde bildeten einen Kreis. Dumdidum schaltete seine Lichterkette an. Ihnen war sehr feierlich zumute. Es war fast ein bisschen wie Weihnachten und Finnek rief:

„Wir haben uns einen Namen gegeben,
wir wollen Abenteuer erleben,
wir lassen nichts anbrennen",
(außer Spiegeleiern, dachte Sandiago)
„WIR FAHREN MIT BEIM RENNEN!"

Paff! Timmy schlug die Boxhandschuhe zusammen. „Ich sag's euch: Bei diesem Rennen gewinnen wir!"

Die Freunde klatschten sich ab und jubelten. Als der Jubel verebbte und es still wurde, hörten sie ein feines Schnarchen, das aus dem Koffer drang.

Finnek schnüffelte. „Also, dein Koffer stinkt wirklich!"

Sandiago riss den Koffer an sich. „Hey, Pfoten weg!"

Aber jetzt rochen es alle. Und sie alle hörten auch dieses seltsame Schnarchen.

„Mach auf", sagte Finnek. „Da ist jemand drin!"

Maulend beugte sich Sandiago über seinen Koffer.

Klack! – sprangen die Kofferschnallen auf und der Deckel schnellte nach oben.

„He da, was soll der Krach?", tönte es aus dem Haufen Krimskrams.

Ein Pillendreherkäfer rappelte sich auf.

Es war ihr Nachbar Karl!

„Wie ... was ... wo sind wir?", stammelte er und rieb sich die Augen. „Ich muss ein-geschlafen sein. Ich wollte doch nur meine Kugeln holen!" Karl zeigte auf Sandiago. „Du! Du hast meine Kugeln eingepackt!"

„Tut mir leid, sie sahen aus wie meine Badekugeln ..."

„Das sind Kack-Kugeln!", rief Timmy. „Merkste was?"

„Iiih, das mieft!", näselte Briosch mit zugehaltener Nase.

„Wie schön, dass du da bist, Karl!", strahlte Dumdidum. „Wir machen beim Autorennen mit!"

Da mussten die anderen Tiere lachen und alle freuten sich über das Wiedersehen.

Den Kack-Kugel-Koffer aber schoben sie einfach weit weg in die Ecke.

Neuntes Kapitel,
in dem es ganz schön wimmelt und wuselt

Am nächsten Morgen setzte Mia die wüsten Tiere vor dem Rathaus ab. Sie und Karl wollten durch die Einkaufsstraße bummeln.

„Viel Glück!", sagte die Hamsterdame. „Ich hoffe, es klappt mit eurer Anmeldung! Wie gesagt: Alle Tiere wollen beim Rennen mitmachen, sie nehmen nur noch ganz wenige Teams auf. Seid also nicht traurig, wenn ihr nicht dabei seid."

Finnek schüttelte den Kopf. „Wir sind dabei!" Er war sich ganz sicher. „Wirst schon sehen."

Mia seufzte. Ihre jungen Freunde waren gestern Abend so glücklich vom Dach heruntergekommen – und nun wollten sie ganz allein durch die Stadt streunen … „Lasst euch bloß nicht mit Wieseln ein!", warnte die Hamsterdame. „Man kann ihnen nicht trauen! Und geht den Handy-Hyänen aus dem Weg! Und vergesst nicht: Am schlimmsten sind die Gemeinen Drei!"

Doch Finnek war schon die Stufen zum Rathaus hochgehüpft, dicht gefolgt von seinen Freunden. Die Treppe war rappelvoll und vor den großen Flügeltieren drängten sich die Tiere.

Ein Elefant rempelte sich durch die Menge.

„Entschuldigung, wollen Sie auch beim Rennen mitmachen?", fragte Finnek.

Der Elefant sah überrascht zu ihm herunter. „Was für eine Frage!", trompetete er. „Das wollen doch alle!" Schon wurden die wüsten Tiere mitgerissen und standen in einer riesigen Eingangshalle.

Die Halle war gestopft voll mit Tieren. Alle riefen und schrien, kreischten, brüllten, drängelten und schubsten. Es war ein Getöse und Gedränge und Gewimmel und Durcheinander.

Da waren Schreibtische mit Computern und Berge von Papier. An den Wänden flackerten Bildschirme, rote Zahlen waren darauf und Buchstaben blinkten und spuckten ständig neue Anweisungen aus:

`„Nr. 4152 in Zimmer 61H. Nr. 728 in Zimmer G89 …"`

Kaffeeduft stieg ihnen in die Nase, da und dort hastete eine Ratte mit einem Pappbecher in der Hand vorbei.

Papageien flatterten knapp über Sandiago hinweg. In ihren Schnäbeln klemmte Papier. „Beeilung, Beeilung! Schnell! Schnell!", kreischten sie und wären fast gegen einen Bildschirm geflogen, auf dem blinkte:

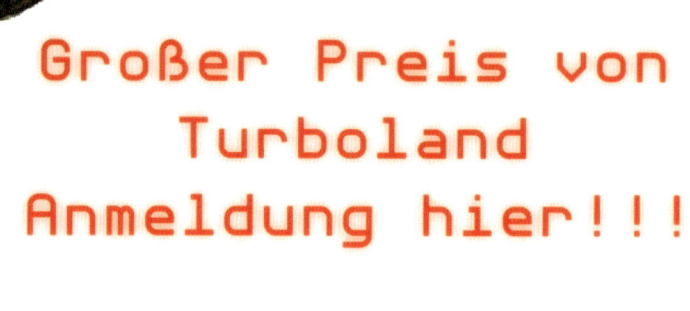

Großer Preis von Turboland
Anmeldung hier!!!

Plötzlich schrillte eine Sirene durch den Saal und aus dem Lautsprecher tönte eine gelangweilte Stimme: *„Letzter Aufruf für das Große Rennen von Turboland. Nur noch zehn Start-plätze übrig."*

Ein Raunen ging durch die Tiermenge und alle drängelten und schubsten sich gegenseitig zu einem langen dunklen Tisch, hinter dem ein paar Nashörner saßen.

„Kommt, wir müssen hier rüber!", schrie
Finnek und versuchte, die Gruppe
zusammenzuhalten.
Das größte Nashorn am dunklen Tisch trug
einen Zylinder. Mit strengem Blick nahm
es die Anmeldungen an.
Tausende und Abertausende von Pfoten
und Tatzen, Rüsseln und Pranken hielten
ihre Zettel hoch und wedelten hektisch in der Luft ...
Eine Gruppe von Tauben überflog die Menge. Auf ihren
Köpfchen saßen Helme, an denen kleine weiße Flügel waren.

Dreist flatterten sie in die erste Reihe, landeten ihre birnen-
förmigen Körper direkt vor den Nashörnern und schoben
einen Zettel über den Tisch.

„Diese verflixten Turbotauben!", zischte eine Ratte neben den
wüsten Tieren, als auch schon die Bildschirme aufflackerten:

Das Team TURBOTAUBEN ist angemeldet!

Wir wünschen ein glückliches Rennen!

Aus dem Lautsprecher erscholl wieder die gelangweilte
Stimme: *„Noch neun Startplätze übrig.“*

„Hey, Freunde!“, rief Finnek. „Wir brauchen so einen Zettel,
schnell!“

Doch leider geschah in diesem Moment genau das: Briosch
kreischte. „Waaah! Versteckt euch! Eine Gruppe Handy-
Hyänen auf halb zwölf!“

Die Freunde blickten sich um und erstarrten. Wie hatten sie
die Hyänen übersehen können! Mitten unter den anderen
Tieren waren sie, drängten sich geschäftig durch die Menge
und blickten auf ihre Handys. Einige trugen Aktenkoffer.
Andere leckten sich das Maul, aus dem spitze Zähne ragten.

„Hilfe! Ich hab A!“, rief Briosch.

Das verstand Sandiago sofort. „‚A‘ wie ‚Angst‘!“

Nun, wenn Tiere in Gefahr sind, dann haben sie zwei prima
Möglichkeiten: kämpfen oder wegrennen.

Finnek, Briosch, Sandiago und Timmy rannten weg und
versteckten sich hinter dem nächsten Papierberg.

Manche Tiere aber kommen noch auf eine dritte Möglichkeit:
Sie machen Quatsch.

Sie machen irgendwas, was überhaupt nicht passt.

Weil sie zu viel Angst haben und die Nerven verlieren.

So war es auch mit Dumdidum.

Er hatte sich so erschreckt, dass er bibberte und zitterte und
schlotterte und schlackerte.

Er konnte nicht wegrennen.

Und er konnte nicht kämpfen.

Also blieb er stehen. Es dauerte keine 23 Sekunden und eine Handy-Hyäne, die beim Gehen nur auf das Telefon in ihrer Tatze guckte, lief direkt in Dumdidum hinein.

Aus ihren schmalen Schlitzaugen schaute sie auf, sah das kleine Dromedar und zog die Lefzen hoch.

„Oh nein!", zischten die Freunde aus ihrem Versteck. „Lauf, Dumdidum, lauf!"

„Du stehst im Weg", fauchte die Handy-Hyäne heiser.

Zehntes Kapitel:
Pfoten drauf!

Dumdidum blickte sie aus kugelrunden, glänzenden braunen Augen an. „Äh...", wisperte er, „sag mal, hast du so einen Zettel für uns?"

Die Hyäne leckte sich die Schnauze. Haifischflossenspitze Zähne blitzten daraus davor.

Die Freunde sahen sich an. Sie mussten Dumdidum retten!
Und stürzten aus ihrem Versteck.

Timmy baute sich drohend vor der Hyäne auf und brüllte:
„Merkste was?", während die Hyäne im selben Moment fragte:
„Zettel? Für das Rennen?"

Verwundert schaute die Hyäne nach unten. Eine Termite mit
rotem Kopf sah wütend zu ihr hoch. Und nun tauchten ein
Fuchs, eine Maus und ein Chamäleon auf und stellten sich vor
das Dromedar.

„Noch vier Startplätze verfügbar", dröhnte der Lautsprecher.
Die Hyäne zuckte mit den Schultern und zog den Papierstapel
hervor, den sie sich untergeklemmt hatte. „Das Rennen startet
morgen Mittag, Punkt zwölf", sagte sie. „Erster und einziger
Preis: ein Siegerpokal aus purem Gold."

„Was?", fragte Dumdidum enttäuscht. „Ein Pokal aus purem
Gold? Das ist alles? Es gibt gar keinen Regenschirm?" Er
schluckte. „Aber ich ... ich ... Menno!" Er ließ sich auf seinen
Po plumpsen. Seine kugelrunden Augen schimmerten. Ein
Tränenschimmern war das. Briosch legte tröstend ihr
Pfötchen auf ihn.

Die Hyäne schaute ungeduldig auf ihr Handy. „Also, was jetzt?
Wollt ihr mitmachen oder nicht? In drei Minuten läuft die
Frist ab. Dann seid ihr raus aus dem Rennen!"

Oje. Drei Minuten. Das war so lang wie einmal Zähneputzen.
Ohne gurgeln.

„Her mit dem Wisch!", rief Finnek und griff nach dem Zettel.

Doch die Handy-Hyäne sagte langsam und sehr wichtig:

„Mooo-ment mal. Wen darf ich melden?"

Die Tiere sahen sich an. Was bitte hieß das denn jetzt schon wieder?

Die Hyäne schüttelte ungläubig den Kopf. „Wie heißt euer Team?", fragte sie – so langsam, als wären die wüsten Tiere wirklich Sandkastenbabys, die noch viel lernen mussten.

„Die wüsten Tiere!", rief Finnek schnell.

Die Hyäne schrieb das auf. Buchstabe für Buchstaben. Runde Buchstaben. Ordentliche Buchstaben. Ordentliche Buchstaben dauern extralang.

Endlich war sie fertig. Finnek riss ihr den Zettel aus der Hand.

„Hier, Sandiago. Was steht da?"

„*Anmeldumm*", las Sandiago vor.

„Genau." Die Hyäne tippte auf eine Linie unten auf dem Zettel.

„*Hier* unterschreiben und dann den Zettel bei den Nashörnern abgeben."

Die Freunde wurden blass. Sie starrten auf die Linien. Und auf das Leere über den Linien.

„Unter... unterschreiben?", wiederholte Briosch verzagt.

Die Handy-Hyäne schaute auf ihr Handy. Auf dem Handy war das Bild einer Sanduhr, in der Sand von oben nach unten rieselte. Es war schon ziemlich viel Sand unten reingerieselt.

„Noch 97 Sekunden", schnarrte die Handy-Hyäne.

Finnek atmete tief durch. „Also, Freunde, ähem", er räusperte sich und blickte in die Runde, „wer von uns kann schreiben? Sandiago, du?"

Doch das Chamäleon schüttelte bedauernd den Kopf. Er konnte einiges: die Farbe ändern, humpfen, grummeln, er konnte Glücksssand schmeißen, er hatte eine Menge Dinge in seinem Koffer, sogar einen Campingkocher, er konnte recht gut lesen ... Aber schreiben, das konnte er nicht.

„Briosch?"

Auch die Kängurumaus schüttelte den Kopf.

„Timmy? Dumdidum?"

Kopfschütteln.

Nichts.

Au Backe. Keiner von ihnen konnte schreiben! Wie sollten sie jetzt beim Rennen mitmachen?

Die Handy-Hyäne gähnte. „Noch 17 Sekunden ... Das schafft ihr nicht mehr. Gleich seid ihr draußen." Die Hyäne packte ihre Zettel zusammen. „Vielleicht klappt es nächstes Jahr ..."

„Halt!", rief Finnek. Er schnappte sich Dumdidums Dattel-marmeladenglas.

„Heee!", protestierte Dumdidum. „Meine Marmelaaade!"

Aber Finnek tauchte die Pfote ein und ... Patsch! drückte er sie auf das Papier. „Los, ihr auch, alle die Pfoten drauf!"

„Ja, Pfoten drauf!", rief die Handy-Hyäne und ließ für einen Moment sogar das Handy sinken.

Platsch! Klatsch! Zack! Matsch!

Die Zähne der Handy-Hyäne blitzten. „Die wüsten Tiere sind angemeldet!", rief sie begeistert. „Jetzt ab mit euch zu den Nashörnern!" Dann drehte sie sich kopfschüttelnd um und lächelte. „Wie die jungen Hunde ..."

Elftes Kapitel,
in dem eine Termite rennt, so schnell sie kann

Die wüsten Tiere hatten den Anmeldezettel, aber wie sollten sie durch die vollgestopfte Halle zu den Nashörnern kommen? *„Noch zwei Startplätze übrig!"*, rief die Lautsprecherstimme. Und wieder schien sich die Menge noch dichter zusammenzudrängen, hier kletterte ein Äffchen einfach über eine Giraffe hinweg, dort rauften sich drei Dachse.

„Noch ein Startplatz übrig."

„Ich mache das!", rief Timmy. „Ich komme durch jede Lücke!" Finnek strahlte. Hastig faltete er die *Anmeldumm* termitenklein und Timmy schoss los. Er raste an Hufen vorbei, krabbelte über Tatzen, Pfoten und Pranken, entkam nur knapp dem Fuß eines Elefanten, krabbelte unter dem Panzer einer behäbigen Schildkröte her, sah ein weinendes Termitenkind, schob es rasch zu seiner Mutter und flitzte den dunklen Tisch hoch, an dem das Nashorn mit dem Zylinder saß.

Das Nashorn hob mit ernster Miene einen Stempel an.

Rasch faltete Timmy das Papier auseinander, lächelte, richtete sich auf, so groß machte er sich, wie eine winzige Termite nur sein kann, wedelte mit der Anmeldung ...

... und sah einen riesigen Stempel auf sich zu sausen.

Nicht auszudenken, wie platt er gewesen wäre, wenn nicht eine Nashorndame in einem rosa Kleid gequietscht hätte: „Waaah! Die Ameise! Vorsiiiiiicht!"

Der Stempel schreckte zur Seite und schlug gerade neben Timmy ein: *Krazong!*

„Keine Startplätze mehr verfügbar", schnarrte der Lautsprecher durch die Rathaushalle.

In der Menge sahen sich Finnek, Briosch, Sandiago und Dumdidum bang an. War nun alles vorbei? Vorbei der Traum vom Siegertreppchen, Goldpokal und Regenschirm?

Doch da leuchtete die rote Schrift auf.

„Was steht da, Sandiago, was?", riefen sie atemlos.

„Humpf", machte Sandiago und reckte sich, um zwischen all den Tieren hindurch und über so viele Tiere hinweg etwas lesen zu können. „Da steht ..."

Wir begrüßen das Team
DIE WÜSTEN TIERE.
Viel Glück!

Timmy glühte vor Stolz. „Wir haben feuerfeste Unterhosen für das Rennen bekommen", berichtete er. „Und die Nashörner haben gesagt: Wird Zeit, dass mal jemand anderes gewinnt als die Gemeinen Drei."

In einer Eisdiele neben einem Spielplatz feierten sie.

Dass sie nun feuerfeste Unterhosen hatten.

Dass die Handy-Hyänen doch eigentlich ganz nett waren.

Aber vor allem feierten sie Timmy. Wie schnell die winzige Termite gelaufen war!

Die Freunde konnten es nicht fassen: Sie waren angemeldet – das Team „Die wüsten Tiere"!

Oh, wie war das schön!

Finnek reichte das Geld über die Theke, das ihnen die Hamsterdame Mia geschenkt hatte. „Himbeer und Erdbeer und Joghurteis und Stracciatella und Karamell und Malaga und Vanille und Johannisbeere und Mief und Muff und Stock-fisch und Schokolade und Blaubeer und Mango und dann noch Pistazie, bitte", bestellte Finnek. Das waren alle Sorten, die auf der Karte standen.

Ihr Tisch unter einer alten Kastanie war rappelvoll mit Eis-bechern. Eine Kugel nach der anderen probierten sie und dann standen ihre Lieblinge fest: Himbeereis und Pistazie und Schokolade und Erdbeer und …

„Ach, egal! Es ist auf jeden Fall das beste Eis, das wir je gegessen haben!", rief Timmy begeistert.

Und da hatte er recht – schließlich aßen sie zum allerersten Mal Eis, sie, die Tiere aus der Wüste Sandara, die so einen weiten Weg gekommen waren. Und nun würden sie wirklich, wirklich, wirklich beim Großen Rennen von Turboland dabei sein!

„Auf die wüsten Tiere!", riefen sie übermütig und kicherten und schleckten.

Zwölftes Kapitel,
in dem Sandiago humpft
wie noch nie
(und das hat einen Grund)

Die Sonne schien, die Blätter der Kastanie leuchteten knallgrün und am Nebentisch schleckten Katzenkinder lachend ein Banana Split. Auf dem Spielplatz hinter der Eisdiele spielten junge Hunde Fangen und ein Küken buddelte glücklich im Sandkasten. Und unsere Freunde jubelten.

Mitten im schönsten Jubel aber fuhr Sandiago auf einmal zusammen und nahm die rosa Brille ab. „Ich Idiot!", schrie er und klatschte sich vor die Stirn. „Humpf, humpf, humpf!"

Die Freunde schreckten hoch. So viel hatte Sandiago noch nie gehumpft. Das konnte nichts Gutes bedeuten.

„Was hast du?", rief Timmy besorgt. „Heimweh-Husten?"

„Wir fahren nicht mit, das ist los", sagte Sandiago düster.

„Waaas?", riefen die anderen entsetzt und Timmy stöhnte.

„Das war ja mal wieder klar." Er schüttelte den Kopf. „Nicht mitfahren – geht's noch?"

Finnek und Briosch sahen Sandiago besorgt an. Er machte sich zwar viele Sorgen und hatte vor fast allem Angst. Aber – so gut kannte auch Briosch Sandiago – es gab immer einen Grund für Sandiagos Sorgen, auch wenn er noch so klein war (etwa wie dein kleiner Zeh).

Das Chamäleon setzte die rosa Brille wieder auf, aber sie rutschte ihm von der Nase. „Etwas sehr Wichtiges haben wir vergessen. Etwas, was man unbedingt braucht, wenn man Autorennen fahren will."

„Ja, was denn?", fragte Dumdidum. „Dattelmarmelade? Oder einen roten Regenschirm?" Fröhlich wippte er bei dem Gedanken an den Regenschirm

mit dem Höcker hin und her.

Doch als Sandiago weiter-

sprach, wippte er nicht mehr.

Mit einem Mal war den

wüsten Tieren das Herz so

schwer, als hätte sich eine

Elefantenkuh darauf

gesetzt.

Was nutzte die *Anmeldumm*?

Was nutzte der Startplatz?

So gefreut hatten sie sich auf das turboschnelle Rennen, dass

sie an das Allerwichtigste gar nicht gedacht hatten:

Rennfahrer brauchen ein Rennauto.

Und sie hatten keins.

Wie sollten sie bis morgen Mittag noch eines kriegen?

„Kann ich abräumen?", fragte ein eifriger Pinguin.

Die wüsten Tiere nickten matt.

Jetzt werden wir nach Hause flutschen, dachten sie.

Die Gemeinen Drei werden wieder gewinnen.

Und wenn die anderen Tiere der Welt hören,

dass wir ohne Auto fahren wollten, werden sie

über uns lachen und am besten,

wir gehen weg und kommen nie mehr

wieder und wir vergraben uns zwischen

1001-und-mehr Sandkörnern in der Wüste

und wir treffen gar keine anderen Tiere

mehr, schon gar nicht den Großschlunz,

und keiner soll uns sehen!

So dachten die wüsten Tiere.

Und jeder dachte das für sich.

Denn sich schämen, das macht man ganz allein.

Ach Menno. Und ... Oh weh.

Doch manchmal, wenn etwas ganz arg schlimm ist, dann gibt es etwas anderes, was guttut, was tröstet und wärmt: „Sand!", jauchzte Dumdidum und zeigte auf den Sandkasten am Spielplatz. „Warmer, weicher Sand!"

Dreizehntes Kapitel,
in dem ein winziges Fußballtrikot auftaucht

Die wüsten Tiere rannten sofort los und setzten sich an den Rand des Sandkastens. Endlich mal wieder Tatzen, Hufe und Beinchen im Sand vergraben! Ach, wie war er herrlich weich und warm und rieselte über sie drüber. Nein, Sandara war es nicht und ein Rennauto schon mal gar nicht, aber es war wohlig und tröstete wie ein Pflaster.

Sicher würde es sich genauso anfühlen, in Mondstreu zu baden, dachte Sandiago, als ein kleines flauschiges Küken strahlend auf sie zustakste. Es schob einen Autotransporter vor sich her, randvoll beladen mit Rennwagen.

Timmy knurrte. „Wir sind durch die Rutsch-Flutsch-Röhren nach Turboland gekommen", sagte er trotzig. „Wir haben Dumdidum gerettet. Wir haben die Anmeldumm geschafft. Wir haben den allerletzten Startplatz ergattert.

Und jetzt können wir nicht mitfahren?" Die Termite trat gegen eine kleine Plastikschaufel.

„Ruhig, Brauner", sagte Briosch. „Atme tief durch und zähl bis 221 ... "

„Ich will aber nicht ruhig sein!", brach es aus Timmy hervor und auf einmal sah er gar nicht mehr angriffslustig und wütend aus, sondern traurig und ein bisschen wie ein Ballon, aus dem die Luft raus ist.

Finnek runzelte die Stirn. So hatte er seinen Freund noch nie gesehen.

„Hier!" Schniefend zog die kleine Termite ein zerknüddeltes T-Shirt aus der Tasche ihrer Boxershorts. Es war ein Fußball-trikot. Auf dem Trikot stand: 10.747.

Sandiago pfiff durch die Lippen. „Ziemlich große Mannschaft", sagte er. „War das deins?"

„Snfff", schniefte Timmy. Eine Träne tropfte auf den Boden. „Was meinst du, was Termitenfußball für ein Gerangel ist? Der Platz ist proppenvoll, alles schubst und drängelt, aber keiner will auf die Ersatzbank. Und ich war die Nummer 10.747. Die Nummer zehn-tau-send-sie-ben-hun-dert-sie-ben-und-vier-zig! Merkste was?"

Finnek überlegte. Er hatte 127 Sammelbilder für sein Star-Wars-Stickeralbum. Wenn er die alle aneinanderlegte, kam er von der Hängematte aus seiner Höhle heraus bis in den Gang hinein. Das war schon ganz schön lang. Mit 10.747 Sammelbildern … Mann, das war superweit!

„Und wenn's nur Fußball wäre! Immer nur ‚Schaffen, schaffen, Termitenbau bauen' – so sieht's nämlich aus. Und dabei kennt keiner deinen Namen. Du bist nur eine Nummer. Und zum Schluss dreht sich sowieso alles nur um die ach so wichtige Termitenkönigin und die lässt sich von vorn bis hinten bedienen, die blöde Kuh! Äh… Termite."

„Bist du deshalb im Bau geblieben, als die anderen Termiten ausgezogen sind?", fragte Briosch.

Timmy nickte und schniefte wieder. Und was das für ein Schniefen war! Ein Schniiiiiiiiiiiiiiiiiiiiiiiiiiief von ganz unten, aus der tiefsten Termitenseele raus war das. Dass Termiten so schniefen können!

„Armer Timmy", sagte Briosch. „Ich hab ja auch … äh … 27 Geschwister." 27, das war schon dicht dran an 10.747, oder?

„Pustekuchen!", schrie Timmy. „Ich will keine 10.747 sein! Ich will Nummer eins sein! Einmal nur! Ich will beim Rennen mitfahren und gewinnen, verflixt noch mal!"

Finnek stützte den Kopf auf die Pfote. Er wollte doch auch gewinnen! Wo sollten sie bloß ein Rennauto herkriegen? Gerade da tapste das Küken durch den Sand und Finnek lächelte ihm traurig zu.

„Tüt, tüt, tüüüt!", machte das Kleine und schob den Auto-transporter näher. „Aus dem Weg! Hier kommt ein Renn-wagentransport für den Automarkt ... am Haaafen!"

Finneks Herz machte einen Satz. Was hatte das Küken gesagt? Der Wüstenfuchs sprang auf. „Hey, Freunde!", rief er. „Habt ihr das gehört? Das ist es! Ich weiß, wo es Rennwagen gibt: am Hafen! Am Automarkt!"

„Am Hafen?", rief Briosch überrascht.

„Aber ist es da nicht schmutzig?", fragte Dumdidum.

„Und da ist jede Menge Wasser", sagte Timmy misstrauisch.

Sandiago schüttelte sofort den Kopf. „Zu gefährlich!"

Vierzehntes Kapitel,
in dem Glückssand fliegt

Als die fünf Freunde den Hafen erreichten, wurde es schon
dunkel. Am Pier roch es nach Fisch und Motoröl, Iltispipi und
Abfalleimern. Auf dem Wasser lagen riesige Containerschiffe.
Unter einer Brücke tummelten sich dunkle Gestalten.

„Meinst du wirklich, das stimmt mit dem Automarkt?" Immer
wieder schaute sich Sandiago um.

Neben ihm schaukelte Dumdidum fröhlich mit dem Höcker.

„Mach dir keine Sorgen", summte er. „Ich mach mal meine
Lichterkette an für dich. Das heitert dich auf." Rot-gelb-blau
leuchteten die Lämpchen auf.

„Kssst!", zischte Sandiago. „Mach das Ding aus! Sonst fallen
wir erst richtig auf!"

Doch zu spät. Ein hageres Wiesel mit struppigem Fell trat hinter dem Brückenpfeiler hervor und eilte auf sie zu.

Es lächelte schief – aber das heißt ja nichts Böses, oder?

Es blickte sich immer wieder um, so als hätte es etwas zu verbergen ... Aber das heißt ja nichts Böses, oder?

Es schaute unseren Freunden nicht in die Augen ... Aber das heißt ja ganz und gar nichts Böses, oder?

Sandiago presste sein Köfferchen an sich. Was, wenn dieses Wiesel ein Räuber war?

Briosch zwinkerte ihm zu. „Wenn das Wiesel uns ausrauben will, machen wir es wie die Bremer Stadtmusikanten. Einer tritt, einer beißt und ich ziehe ihm eins mit dem Schrauben-schlüssel über die Rübe ...“

Sandiago nickte tapfer. Aber sein Herz raste wie ein Pressluft-hammer. Er hielt den Koffer fest an sich gepresst – und kippte um.

Als Sandiago wieder aus der Ohnmacht erwachte, blickte er in die besorgten Gesichter seiner Freunde. Und zwischen ihnen erschien das schmale Gesicht des Wiesels.

„Na, geht's wieder, Kumpel?", fragte es. „Was für ein Glück ihr habt, dass ihr mich getroffen habt. Ich bin der Larry. Und ich hab was für euch, ein super Angebot – für nur eine Lichterkette von eurem kleinen Freund hier ..." Das Wiesel streckte die Pfote nach Dumdidums Lichterkette aus.

„He, nicht anfassen!" Dumdidum machte einen Schritt zurück.

Das Wiesel krallte die Pfote zusammen. „Eine Lichterkette gegen ein Rennauto", sagte es rasch, „das ist ein Spottpreis, super Angebot! Das kommt so schnell nicht wieder."

Finnek schnappte nach Luft. „Ein Rennauto?"

„Was für ein Modell?", fragte Briosch.

Larry stand auf. „Kommt mit, ich zeig's euch einfach mal, parkt nicht weit weg von hier. Ist das schnellste Rennauto der Welt, wisst ihr? Turboschnell. Damit seid ihr sogar schneller als die berühmten Gemeinen Drei!"

Finnek horchte auf. „Schneller als die Gemeinen Drei? Meinst du wirklich?"

Larry lachte breit. „Mit meinem Auto und eurem Talent schießt ihr die Gemeinen Drei auf den Mond!"

Timmy kicherte.

Sandiago biss die Zähne zusammen. Dieser Larry, dachte er, war klebrig-freundlich wie Zuckerwatte. Sandiago mochte Zuckerwatte, na klar. Aber klebrig-freundliche Leute – die mochte er nicht.

Sandiago rappelte sich auf. „Los, Freunde, lasst uns weiter-
gehen, sonst schaffen wir es nicht mehr zum Automarkt!"

„Nun kommt doch!", flötete ihnen das Wiesel zu. „Nicht so
schüchtern!"

Finnek blickte hektisch zwischen dem Wiesel und seinem
Freund hin und her. Dann legte er den Arm um das
Chamäleon. „Hey, Sandiago", er senkte die Stimme, „ich
wollte es ja vorhin nicht so sagen, aber ... wir haben doch gar
kein Geld! Wie sollen wir denn da auf dem Automarkt ein Auto
kaufen?"

„W...was?" Sandiago sah Finnek empört an. „Kein Geld mehr?
Alles für Eis ausgegeben? Und was machen wir dann überhaupt hier am Hafen?"

Der Wüstenfuchs zuckte mit den Schultern. „Ich hab gedacht, wir gehen erst mal los und dann fällt uns schon was ein. Und es hat doch geklappt, oder nicht?" Er grinste und deutete zu Larry hinüber, der ihnen aus einer dunklen Ecke heraus zuwinkte.

Briosch strahlte mit Finnek um die Wette.

So leicht konnte alles sein, so leicht, wenn man die richtigen Leute traf!, dachten die beiden.

„Hä?", sagte Dumdidum auf einmal. „Soll ich meine Lichterkette jetzt dem Wiesel geben?"

Timmy, der auf Dumdidums Kopf saß, krabbelte nach vorn und beugte sich hinab, sodass er direkt in Dumdidums braune, glänzende Augen sah. „Deine Lichterkette wird uns retten, Dumdidum", sagte er. „Dafür kriegen wir ein Rennauto und gewinnen den großen Preis und sind alle Superhelden. Bitte hilf uns."

Dumdidum zögerte. Seine geliebte Lichterkette hergeben? Zögerlich schaute er in die großen Augen seiner Freunde.

„Also gut", sagte er schließlich tapfer. „Von mir aus ..."

Finnek, Briosch und Timmy drückten ihn dankbar.

„Was ist denn nun?", rief das Wiesel ungeduldig und trat wieder aus dem Schatten.

Doch Sandiago schüttelte den Kopf. Die Sache gefiel ihm nicht.

„Fragen wir den Glückssand", entschied er.

Timmy stöhnte. „Nicht schon wieder!"

Sandiago tat, als hätte er nichts gehört. Er streute etwas Sand aus dem Beutelchen auf die Pfote und legte das Ohr an den Sand. „Ich höre den Sand. Er spricht. Er ist bereit ..."

Timmy presste die Boxhandschuhe auf die Ohren.

„Was macht der denn da?" Das Wiesel kam näher und beugte sich neugierig vor.

„Dauert nur einen Moment", sagte Finnek. „Unser Freund glaubt, dass ihm der Sand sagt, was passieren wird. Wie ein Glücksrad. Oder der Wetterbericht."

Die wüsten Tiere hielten den Atem an, als Sandiago ausholte und ... warf. Der Sand flog hoch.

„Aua!" Timmy rieb sich die Augen. „Spinnst du? Du hast mir Sand in die Augen geworfen!"

Sandiago blickte auf die Sandkörner auf dem Boden. „Humpf",
machte er. „Das sieht nicht gut aus. Das sieht gaaar nicht gut
aus, wie sie da liegen", sagte er unheilvoll.

„Hä? Wer glaubt denn an so einen Quatsch?", rief das Wiesel.
„Unfug ist das. Mumpitz!"

Sandiago erhob die Stimme. „Der Sand hat eine klare
Botschaft für uns, Freunde." Er blickte in die Runde und
seine Freunde sahen ihn gespannt an. „Sie lautet: Hütet euch
heute vor Wieseln!"

Das Wiesel zuckte zusammen.

Briosch stutzte und sah die Körnchen an. „Das da soll Glückssand sein?" Sie runzelte die Stirn. „Das ist Sand, Mann! S wie
‚Sand' oder... ‚so was von stinknormal'."

„Genug geplaudert", zischte Larry, das Wiesel. Er pustete auf

Sandiagos Hand, sodass sich der Sand in alle Winde zerstreute. „Ich habe heute noch andere Termine. Mein Angebot kennt ihr." Er schaute auf die Uhr. „Es läuft in drei Sekunden ab. Drei ... zwei ... eins ..."

„Wir nehmen es!", riefen Finnek, Briosch und Timmy rasch. Ein Lächeln huschte über Larrys Gesicht. „Aber erst die Kette", flötete er. „Ich will sehen, ob sie in Ordnung ist ... Wer weiß, ob ich euch trauen kann?" Gierig griff das Wiesel zu und ließ die Lichterkette in seiner Hosentasche verschwinden.

„Jetzt geht es los!", rief Finnek und legte tröstend seine Pfote um Dumdidum. „Auf zu unserem Rennauto!" Als sie um die Ecke bogen, da wackelte der Höcker von Dumdidum schon wieder fröhlich hin und her.

Fünfzehntes Kapitel,
in dem die wüsten Tiere in eine finstere Gegend geraten

Es war dunkel. Krumme kahle Bäume säumten ihren Weg. Der Wind blies um leere Fabrikgelände. Sie waren dem Wiesel in eine verlassene, öde Gegend gefolgt.

„Briosch, hier gefällt es mir nicht", flüsterte Dumdidum, als sie an einem Schrottplatz vorbeiliefen. „Hier sind gar keine anderen Tiere …" Er hätte nun gern seine Lichterkette ange-knipst, um ein wenig buntes Leuchten in die Dunkelheit zu bringen, aber die war ja in Larrys Hosentasche verschwunden. „Wir sind sicher gleich da", tröstete ihn Briosch.

Endlich kamen sie zu einer alten Bahnbrücke, über die schon lange kein Zug mehr gefahren war. Und unter der Brücke, im Mauerbogen, befanden sich eine Reihe von Garagen.

„So, da wären wir", sagte das Wiesel und zeigte auf die Garage in der Mitte. Das Tor war schmutzig, davor lagen eine zerbrochene Glasflasche und eine leere Chipstüte.

„In dieser alten Garage ist ein turboschneller, superguter Rennwagen für uns?", fragte Finnek überrascht.

„Klar!" Das Wiesel hüstelte. „Ihr werdet Augen machen! Der ist ein echtes Schmuckstück! Frontverschlagen... äh... verschalung. 20.941 PS. Mindestens."

Briosch stutzte. 20.941 PS? Das hatte sie noch nie gehört.

„Wer von euch ist der Fahrer?", lenkte das Wiesel ab.

„Ich!", schrie Finnek begeistert.

Hastig drückte Larry ihm den Autoschlüssel in die Pfote und gluckste. „Jetzt habt ihr ein supertolles Rennauto." Er kam dicht an die Freunde heran. Seine Augen funkelten. „Damit gewinnt ihr bestimmt! Morgen früh um acht Uhr geht die Garage auf. Automatisch."

„Morgen früh erst?", rief Briosch. „Aber um zwölf Uhr geht ja schon das Rennen los! Da müssen wir an der Startlinie sein!"

Larry verschluckte sich. „Tja, so ist das mit ... äh ... dieser verflixten Technik", sagte er. „Ich muss flitzen! Viel Spaß morgen!" Er ging los, wurde immer schneller, begann zu rennen und drehte sich nicht mehr um, bis er in der Finsternis verschwunden war.

Auch heute sprachen die Freunde nicht viel, als sie spät in der Nacht bei der Hamsterdame Mia ankamen.

Aufgeregt krochen sie in die Betten. Morgen war der große Tag: das Große Rennen von Turboland!

„Und ihr habt euer eigenes Rennauto!", hauchte Käfer Karl ehrfurchtsvoll.

Kein Wunder, dass die wüsten Tiere nicht einschlafen konnten. Unruhig wälzten sie sich unter den weißen Bettdecken hin und her.

„He, ich habe eine Gutenacht-Geschichte für euch", murmelte Timmy in die Dunkelheit. „Es war einmal eine Termite, der superstarke Termitator. Eines Tages forderte ihn der riesige, böse Hirschkäferkönig zum Kampf heraus ..." Er gähnte.

„Der Termitator, die superstarke Termite?", flüsterte Finnek.

„Toll ... Wie geht es weiter, Timmy?" Er horchte gespannt. „Timmy?"

Snarpüüüh! Ein zartes, leises Termitenschnarchen drang durch den Raum.

„Immer dasselbe", grummelte Sandiago. Doch es dauerte nicht lang, da schlief auch er. Und die anderen wüsten Tiere schließlich auch.

Bis zum großen Tag.

Sechzehntes Kapitel:
Der Große Preis
von Turboland

Endlich war es so weit: Der Tag des Rennens war da. Die ersten zarten Strahlen der Sonne tasteten sich durch die Welt undweckten unsere Freunde. Jetzt würden sie ihr turboschnelles Rennauto sehen!

Doch der Abschied von der Hamsterdame fiel den Freunden nicht leicht. Einer nach dem anderen umarmte sie.

„Tausend Dank für alles", sagte Finnek immer wieder und Sandiago kramte verlegen in seinem Glückssand-Beutelchen. Mit rosa Wangen drückte er Mia ein paar Sandkörner in die Hand. „Hier ... danke ... humpf."

Mia blickte das Chamäleon gerührt an. „Der Sand erinnert mich an was", sagte sie und verschwand in der Küche. Kurz darauf tauchte sie mit einem geheimnisvollen Päckchen wieder auf. „Hier", sagte sie. „Ein kleiner Glücksbringer. Wer weiß, wofür er gut ist?"

„F-für mich?", stammelte das Chamäleon fassungslos.

„Darf ich mal gucken?", fragte Timmy.

Aber Sandiago packte das geheimnisvolle Päckchen rasch in sein Köfferchen.

Mia hatte ihnen erklärt, wie man mit dem Bus zum Hafen kam. Sie hatten ein kleines Stück zur Bahnbrücke zu laufen, aber schon von Weitem sahen die Freunde, dass die Garage noch zu war.

„Humpf", machte Sandiago.

„Ist ja auch noch nicht acht Uhr", sagte Briosch schnell.

Timmy nickte. „Wir sind früh dran."

Während sie warteten, malte Finnek den anderen in der Erde mit einem Stock auf, wie sie die Gemeinen Drei überholen würden, wie sie ganz schnell davonfahren würden und wie die wüsten Tiere mit ihrem einmaligen Fahrer Finnek das Rennen gewinnen würden.

Und genau, als Finnek die letzte Kurve gemalt hatte, surrte es. Das Garagentor öffnete sich!

„Ich wusste, dass es aufgeht!", jubelte Finnek. „Ha! Siehst du, Sandiago? Ich wusste es!"

In der Garage war es dunkel. Es roch nach Holz und Motoröl. Alle waren gespannt auf ihr Rennauto. Turboschnell würde es sein und der Motor würde röhren wie ein Knatterati.

Das Licht flackerte.

„Jetzt sehen wir es endlich, euer turboschnelles Wunderauto!", rief Karl.

Das Licht ging an. In einer Ecke der Garage hing rostiges Werkzeug. In der anderen Ecke lag ein zerknüllter Blaumann. Und in der Mitte ... Nun ...

„Ui", sagte Dumdidum.

Die anderen sagten nichts. Es war zu schlimm.

Das superturboschnelle, wunderbare Wunderauto war ganz und gar nicht wunderbar.

Es war schlimmer als ein Monster.

Es war schlimmer als ein Monster mit monstermäßigem Mundgeruch.

Es war schlimmer als ein Monster mit monstermäßigem Mundgeruch, Käsefüßen und Überbiss.

Es war schlimm-schlimm.

„Damit kann man kein Rennen fahren", sagte Finnek sofort.

„Boah, Larry, dieses miese Wiesel-Fiesel, das fiese Piesel-Miesel-Wiesel hat uns reingelegt!", tobte Timmy und trippelte hektisch vor und zurück. „Dem geb ich was auf die Zwölf!"

„Das war ein ganz übler Trick", wisperte Briosch.

Sandiago öffnete langsam das Köfferchen und nahm das Herz-abhör-Dings raus, um sein Herz abzuhören. „Ich ... ich glaube, ich bin tot", sagte er, so entsetzt war er.

Denn das, was sie da sahen, war kein Rennwagen. Jedenfalls
nicht so, wie ihr einen kennt. Es war kein Saus-braus-Wagen.
Es war höchstens ein Nebenher-renn-Auto. Also ein Auto,
neben dem man herrennen konnte. Wenn es überhaupt fuhr!
Und dann würde man es wahrscheinlich sogar noch überholen! Sogar eine Schildkröte oder eine Schnecke würde dieses
Auto noch überholen. Sooo lahm sah das Auto aus.
Es war rostig und hatte Beulen und der Rallyestreifen war
kaum noch zu sehen. Eine Fünf war auf die Seiten gemalt, wie
gemacht für die fünf Freunde, aber als Dumdidum mitleidig
die Motorhaube tätschelte und sagte: „Ich werde dich ‚Morscher Pfeil!' nennen", fiel – *rums!* – die Stoßstange herunter.

Doch – leider, leider – war das war nicht das Schlimmste. Das Schlimmste war: Morscher Pfeil – das Rennauto – hatte eckige Reifen. Und wer von euch schon mal eckige Reifen gesehen hat, weiß: Mit eckigen Reifen kann man nicht fahren. Und gewinnen schon mal gar nicht.

Dumdidum schaute die anderen wüsten Tiere verwundert an. „Gehört das so?"

Briosch biss sich auf die Lippen.

Timmy war rot vor Wut.

Finnek schüttelte stumm den Kopf.

„Und dafür habe ich meine Lichterkette hergegeben?" Die großen runden Dromedar-Augen füllten sich mit Tränen und er umklammerte das Glas mit der Dattelmarmelade. „Menno. Das ist gemein. Das Wiesel mag ich gar nicht mehr leiden."

Timmy sprang auf. „Genau! Leiden! Das Wiesel wird furchtbar leiden, wenn ich mit ihm fertig bin! Puff und paff! Und bäm!"

Finnek dachte fieberhaft nach. Woher sollten sie jetzt Ersatzreifen kriegen? Es war Sonntag, die Geschäfte waren zu und …

„Sag mal, Finnek", fragte Sandiago plötzlich, „bist du eigentlich schon mal Auto gefahren?"

„Nicht direkt", sagte Finnek, „aber Briosch zeigt es mir."

„Ich?" Briosch schüttelte den Kopf. „Ich kann kein Auto fahren. Ich kann Autos reparieren", sie schaute auf Morscher Pfeil, „die meisten zumindest – aber fahren kann ich nicht …"

Timmy schwieg.

„Heiliger Bimbam!", knurrte das Chamäleon. „Noch mal für alle:

1. Wir haben ein richtig miiieses Auto, ja?

2. Wir haben eckige Reifen.

3. Und wir haben niemanden im Team, der Auto fahren kann, ja?"

Die wüsten Tiere starrten auf den Boden. Nun würde ihnen Sandiago wieder sagen, dass sie abhauen sollten, schnell, zurück nach Sandara.

Doch manchmal kommt es anders, als man denkt.

„Freunde, aufwachen!", rief das Chamäleon, so laut, dass es in der Garage widerhallte. Die anderen zuckten überrascht zusammen. „Ich weiß, wie wir dieses Rennen gewinnen können! Aber wir müssen uns beeilen ..."

Neugierig beugten sich die Freunde vor. Und Sandiago erzählte seinen Plan. Stück für Stück. Und mit Finnek fing er an.

Siebzehntes Kapitel,
in dem Morscher Pfeil funkelt und glänzt

Finnek sprang auf. Sandiago hatte recht!

Sie hatten keine Zeit zu verlieren!

Der Wüstenfuchs setzte sich hinter das Lenkrad und fasste es an. Er berührte die Gangschaltung, die Bremsen. Er drehte und drückte und merkte sich, wo alles war.

„Ich trainiere!", rief Finnek. „Im parkenden Auto!" Und während Finnek trainierte, gab Sandiago Anweisungen. Die anderen erkannten ihn kaum wieder.

„Briosch!", rief er. „An der Wand hängen Werkzeuge und Schrauben! Gib alles – ich weiß, dass du es kannst! Du machst Morscher Pfeil wieder fit!"

Briosch quietschte vor Freude und kletterte unter das Auto.

„Dumdidum!", rief das Chamäleon. „Wir sind doch gestern an diesem Schrottplatz vorbeigekommen, weißt du noch? Da holen wir beide alles, was wir kriegen können. Vor allem Reifen! Los geht's!"

Dumdidum blickte Sandiago mit leuchtenden Augen an. Ja, so könnte es klappen!

„Ihr beide", rief Sandiago weiter, „Timmy und Karl, ihr bringt Morscher Pfeil auf Hochglanz!"

„Sandiago, du bist einfach spitze!", rief Finnek und sprang auf. „Wir schaffen das, Freunde! Denkt dran: Wir sind die wüsten Tiere!"

Wenig später erreichten Dumdidum und Sandiago den Schrottplatz. Hier roch es nach Moder und Schimmel, alten Nägeln, muffigem Holz und Vergeblichkeit. Hier türmten sich rostige Kühlschränke, verbeulte Fahrräder, kaputte Autos, Tische ohne Beine, morsche Zäune und zerbrochene Garten-stühle ...

„So viele Dinge überall!", freute sich Dumdidum.

Wenn auch das meiste kaputt war, so gab es doch immer wieder Sachen, die unsere Freunde brauchen konnten: eine Zündkerze aus einem grünen Cabrio zum Beispiel oder eine Batterie aus einem Monster-Truck. Dumdidum und Sandiago packten alles ein und schleppten die Schätze gemeinsam zur Garage. Nur eines hatten sie nicht gefunden: Reifen.

In der Garage hatten die Freunde unterdessen ganze Arbeit geleistet. Timmy und Karl hatten das Auto poliert, bis es blitzte und funkelte. Die Fünfen auf den Seitentüren glänzten. Und das Tollste war: Der Motor von Morscher Pfeil – der gar nicht mehr morsch aussah – lief! Ja, er schnurrte wie ein Gepard, das schnellste Landtier der Welt! Morscher Pfeil hörte sich wie ein echtes Rennauto an – und sah auch so aus.

Bis auf die eckigen Reifen.

Eckige Reifen?

Das war es dann wohl mit dem Rennen.

Aus die Maus.

Müde ließen Timmy und Karl die Putzlappen sinken.

„Dann kann ich meine Kugeln ja wieder nach Hause rollen", sagte Karl traurig.

„Nichts da!", rief Finnek plötzlich. „Die Kugeln bleiben hier. Die brauchen wir noch!"

Und kurz darauf hatte Morscher Pfeil eins, zwei, drei, vier
Reifen. Rund und schwarz waren sie und rochen ein bisschen
komisch, waren aber kein bisschen eckig.

Wie das, fragt ihr?

Na, das ging so: Dumdidum setzte sich auf Karls Kack-Kugeln
und machte sie platt; Timmy nagte sie ab, sodass sie rund
wurden, wie Reifen eben sind, und Karl stellte sie auf und
rollte sie durch die Garage, bis sie spiegelglatt waren.

Zufrieden betrachteten die Freunde ihr Werk.

„Das gibt uns den Turbo-Speed!", rief Briosch überglücklich.

„Super Luftwiderstand!"

Finnek fuhr los. „Auf zur Rennstrecke!"

Achtzehntes Kapitel
mit Doppel-Turbo-Antrieb

„Start" stand am Anfang der Rennstrecke. Obwohl noch etwas Zeit war, standen schon alle Rennwagen an der Linie. Voller Vorfreude stellten die wüsten Tiere auch Morscher Pfeil in Position und liefen um die anderen Rennautos herum.

An einem silbernen Flitzer kontrollierten die Turbotauben gerade ihre Reifen.

„Krass!", flüsterte Briosch. „Die haben Doppel-Turbo-Antrieb mit Stahlveredler und Nickelpumpe. Damit sind sie super-schnell!"

Ein paar Reporter machten sich Notizen und lästerten. „Die Kiste hier ist gar nichts gegen das Auto der Gemeinen Drei", sagte ein Reporterhuhn mit blauen Turnschuhen gerade. „Schwarzer Blitz ist der schnellste Wagen, den die Gemeinen Drei je hatten. Er soll sogar Raketenantrieb haben!"

Sein Kollege, ein Kater in goldener Trainingsjacke, nickte beflissen. Offenbar bemerkte er unsere Freunde nicht, denn er senkte die Stimme und sagte fies: „Hast du schon von diesen wüsten Tieren gehört?" Er kicherte und schlug dem Huhn auf den Rücken, so als hätte er gerade den besten Witz der Welt gemacht. „Noch nie ein einziges Rennen gefahren!", jauchzte er. „Und weißt du was? Es heißt, sie fahren auf Kack-Kugeln! Von so einem Kack-Käfer aus der Wüste, stell dir das vor! Deswegen stinkt es hier auch so!"

Das Huhn kreischte und gackerte.

„Wie gut, dass Karl das nicht hört!", flüsterte Finnek. Er schaute zur Tribüne, wo der Käfer dankbar auf dem Kopf einer Giraffe saß und den weiten Blick genoss.

Empört schlichen die wüsten Tiere zu Morscher Pfeil zurück. Unter den Scheibenwischern klemmte ein Zettel.

HALLO IHR SANDKASTEN-BABYS,

VIEL SPAß BEIM RENNEN. HOLT SCHON MAL
EURE FÖRMCHEN RAUS. BALD BUDDELT IHR
WIEDER IN EURER WÜSTE! IHR WERDET EH
VERLIEREN MIT EUREN KACK-REIFEN.
WIR HABEN DAS SCHNELLSTE AUTO
DER WELT. UND DEN TURBOTOLLSTEN
FAHRER IM GANZEN WELTALL.

ACH JA. UND ... WER LÄSST DENN EIN RENN-
AUTO VON EINEM MÄUSEMÄDCHEN IN
EINEM BLAUMANN REPARIEREN? ES HEIßt
BLAUMANN. NICHT BLAU-MAUS. HUAHAHAA!

TSCHÜSSIKOWSKI

DIE GEMEINEN DREI

PS: ACH. NOCH WAS: WIR KÜSSEN
DEN POKAL FÜR EUCH!

Briosch ballte die Pfötchen. „Die haben uns beobachtet!"

„Ruhig, Brauner", sagte Timmy zu Briosch. „Zähl mal bis 13.239."

Doch genau in diesem Moment knackte es und ein Lautsprecher plärrte: *„An alle Rennfahrer! Gleich geht es an die Startlinie! Macht euch bereit – letzte Gelegenheit, auf die Toilette zu gehen!"*

Ach, wären die wüsten Tiere doch nur noch einmal auf die Toilette gegangen! Dann wäre alles anders gekommen. Denn dort neben dem Toilettenhäuschen, an einer dunklen Bretterwand, standen der Tiger, der Eisbär und der Löwe und steckten die Köpfe zusammen. Pfui, wie gemein der Plan war, den der Eisbär hatte. Aber das hörten unsere Freunde ja nicht. Ach, herrjemine.

Und dann war es so weit und der Lautsprecher rief: *„Alle Teams an die Startlinie!"*

Neunzehntes Kapitel –
und Start!

„Achtung!", rief ein Waschbär, der eine Kamera trug. „Gleich
bist du auf Sendung! 3 – 2 – 1 ..."
Ein Erdmännchen mit einem dunkelroten Mikrofon vor dem
Mund lächelte in die Kamera und redete los:

„Hier ist wieder Turbo-TV, Ihr Sender mit Format, für Sie, liebe
Zuschauer zu Hause, live vom 21. Großen Preis von Turboland,
dem fünften und wichtigsten Rennen der Saison.
23 Teams sind es dieses Jahr, die sich anmelden konnten,
noch sind sie an der Startlinie, gerade ziehen sie ihre feuer-
festen Unterhosen an. Nun – fast alle:
Eine Termite vom Team der wüsten Tiere scheint Probleme
zu haben, sie kann ihre Unterhose nicht richtig rumdrehen.
Doch der Fahrer, ein unbekannter junger Wüstenfuchs
namens Finnek, hilft ihr dabei.
Die Teams machen sich bereit zum Start: Die Turbotauben

machen Kniebeugen. Die Gemeinen Drei lassen sich
fotografieren. Ein Mäusemädchen mit enorm großen Füßen
küsst die Motorhaube von Morscher Pfeil, dem Rennauto der
wüsten Tiere, während ein Chamäleon ...
Ja, was macht es denn da ...?
Es hat etwas in der Pfote, wie Sand sieht es aus, es hebt die
Pfote, will werfen, doch es wird von seinen Teamkollegen in
den Wagen gezogen. Gleich geht es los.
Finnek, der Wüstenfuchs, hebt den Daumen. Nun sind alle
Teams startklar. Gespannt schauen sie auf die Startampel.
Noch ist sie rot ...“

Das Erdmännchen blickte aufgeregt hin und her. Jetzt sprang
es in die Luft.

„Grün, grün, grün! Es geht los,
es geht loooos!
Turboschnell startet das Team
der Gemeinen Drei im
Schwarzen Blitz und schießt
nach vorne. Der Wagen ist
eine Rakete: niedrige Heck-
flügel, extrabreite Reifen,
sieben Auspuffe, liegt
fantastisch in den Kurven!

Ein Auto für Sieger. Jetzt bäumt es sich auf wie ein wildes schnelles Pferd, dicht gefolgt von den Turbotauben, dahinter, weit abgeschlagen, die anderen Teams.
Nur ein Team steht noch an der Startlinie: Es sind die wüsten Tiere in Morscher Pfeil. Das ist kein schnelles Pferd, was sie da fahren! Ein lahmer, störrischer Esel ist es, ja, Morscher Pfeil ist einfach stehen geblieben!
Was ist da los, haben die Unglücklichen einen Motorscha...?"

„Na, herzlichen Glühstrumpf", stöhnte Timmy,
„unser Rennauto steht."
Briosch hastete aus dem Wagen und beugte
sich über die Motorhaube.
„Morscher Pfeil, nun mach schon!",
riefen die Freunde.
In Windeseile schraubte
Briosch und klopfte und
zuckelte. Und da: Der
Motor sprang an!

Als letztes Team rasten die
wüsten Tiere los. Finnek trat aufs
Gas. Schneller und schneller wurden sie.

„Morscher Pfeil braust los, er holt auf!", rief das Erdmännchen und reckte den Hals. „Ist es denn zu fassen? Die
Außenseiter nähern sich den Turbotauben, holen auf, sind
hinter den Turbotauben! Doch: immer wieder Kurven. Der
Wüstenfuchs muss gegensteuern, um nicht von der Fahrbahn
abzukommen. Das kostet Kraft. Doch er gibt nicht auf, er
fährt, als hätte er nie etwas anderes gemacht.
Die Turbotauben überholen die Gemeinen Drei.
Jetzt sind drei Autos an der Spitze: vorneweg die Turbotauben,
danach die Gemeinen Drei, dann die wüsten Tiere.
Schwarzer Blitz holt auf, doch was macht er da? Er fährt
neben die Turbotauben, aber er will nicht überholen, nein, er
rammt die Turbotauben! Ist es denn zu fassen?

115

Die Turbotauben überschlagen sich. Der Wagen bleibt auf dem Dach liegen ...

„Das darf der nicht!", schrie Dumdidum und wurde weiß wie Joghurteis. „Wir müssen ihnen helfen!"
Doch da torkelten die Turteltauben schon wütend gurrend aus dem Wagen.

„Puh, ein Wunder!", rief das Erdmännchen. „Den Turbotauben scheint es gut zu gehen! Nun geht es Kopf an Kopf: die wüsten Tiere gegen die Gemeinen Drei. Die wüsten Tiere sind den Gemeinen Drei dicht auf den Fersen, jagen sie vor sich her. Wer hätte das gedacht? Ob es den wüsten Tieren noch gelingt zu überholen?

Es wäre die Sensation, sie fahren Turbotempo!
Doch jetzt rasen die beiden Wagen auf den gefährlichsten
Teil der Strecke zu, die Zu-eng-und-zu-hoch-Brücke!
Die Gemeinen Drei haben die Brücke als Erste erreicht!"

Sandiago blickte zum Himmel, an dem dicke schwarze
Wolken hingen. „Es wird Regen geben", grummelte er. „Es
wird Regen geben."
„Warum heißt die eigentlich Zu-eng-und-zu-hoch-Brücke?",
schrie Briosch, als der Wagen auf die Brücke raste.
In diesem Moment prasselte der Regen herunter, eine Flut
war es, die sich ergoss. Und mit ihr kam der Sturm.

Zwanzigstes Kapitel,
in dem Mondstreu alles gut macht

Eine Fahne auf der Brücke wehte im Sturm hin und her und machte ein metallisches Klong! – Klong! – Klong!, wenn sie gegen den Fahnenmast stieß.

Finnek konnte kaum noch die Straße sehen. Verzweifelt versuchte er, das wackelnde Lenkrad festzuhalten, als Tiger und Löwe vor ihnen im Schwarzen Blitz etwas hochhoben. Es war groß und grau (aber kein Elefant) und sie warfen es mitten auf die Straße.

Morscher Pfeil raste direkt darauf zu.

„Ein Felsbrocken!", schrie Finnek. „Sie haben einen Felsbrocken geworfen!"

Mitten auf der Brücke lag er.

Sie kamen nicht dran vorbei. Er würde ihren Wagen aufschlitzen oder die Reifen zerbröckeln.

„Haltet euch fest!", rief Finnek. „Ich breeeeemse!"

Doch zu spät.

Morscher Pfeil brach durch das Brückengeländer und flog
durch die Luft. Dann ein Knacken und Knirschen: Morscher
Pfeil landete in einem morschen Baum und holperte durch die
Äste langsam nach unten wie ein Flummi auf einer Treppe.
Dann knackte es nicht mehr.
Es wurde still.

Die wüsten Tiere krabbelten heraus, eines nach dem anderen.
Halt, nein, eines nicht.
Dumdidum.
Unsere Freunde zogen Dumdidum aus dem Wagen und legten
ihn sanft unter die Brücke. Die Dromedar-Augen waren zu.
Sandiago packte das Abhör-Dings weg. „Er lebt", brummte
Sandiago und klang wie ein Arzt.
„Ist er ohnmächtig?", fragte Briosch.
„Wo bleibt denn der Krankenwagen?" Zum ersten Mal wusste
Finnek nicht, was er tun sollte.
„Der ist bei den Turbotauben", knurrte Sandiago. „Wir müssen
ihm selber helfen. Schnell!"

In diesem Moment kam eine durchnässte Kellerassel den Berg herunter. Sie stützte sich auf ihren Stock und rief: „Ihr habt Glück! Der Löwe musste mal pinkeln. Und sie müssen Reifen wechseln. Ihr könnt noch gewinnen!" Sie zeigte mit dem Stock auf Dumdidum. „Lasst ihn einfach hier liegen, ich bleibe bei ihm! Gute Fahrt!"

„Kommt nicht in die Tüte!", riefen die Freunde entrüstet. „Wir bleiben hier! Wir gewinnen alle oder keiner!"

„Also los!" *Paff!* Timmy schlug die Boxhandschuhe gegeneinander.

„Sandiago, wir brauchen Medizin!"

Turboschnell kramte Sandiago in seinem Köfferchen und murmelte vor sich hin. „Na ... Wo haben wir dich denn? Aaah, na bitte." Ein Campingkocher kam zum Vorschein. Dann das geheimnisvolle Päckchen von Mia, ein Löffel, ein Feuerzeug und ein Schüsselchen. Das Chamäleon mixte und rührte und schon zog ein herrlicher Duft unter der Brücke hindurch.

Die Kängurumaus kannte den Geruch sehr gut: warme, zerflossene Butter und duftender Zimt und Vanille und ...

„Grießbrei?", fragte sie überrascht.

„Hm?" Sandiago hörte ihr gar nicht zu. Er lächelte glücklich, während er seine Zaubermedizin rührte.

Neugierig streute sich Briosch die Körnchen aus Mias Päckchen in die Pfote. Sie stutzte, blickte zu Sandiago, der versonnen rührte, und lächelte.

Fast wie Glückssand fühlten sich die Körner an. Nur feiner waren sie. Und weißgelb wie der Mond.

Als Dumdidums Nase zuckte, hielt Sandiago ihm einen Löffel der dampfenden Medizin hin.

Das kleine Dromedar öffnete die Augen und den Mund.

„Aus Mondstreu", flüsterte das Chamäleon seinem Freund zu, während er ihm noch einen Löffel gab. „Das wirkt Wunder."

Und so war es wohl auch, oder?

Denn kaum hatte Dumdidum die zwei Löffel geschluckt, da rappelte er sich hoch. Die Freunde jubelten. Oh, was für ein blubberblasiges-quietschekribbeliges Glück war das!

Dumdidum stand, ja, etwas wacklig war er auf den Beinen, aber er stand! Es ging ihm gut!

„Seht doch!", rief er. „Seht doch!"

Die Freunde folgten Dumdidums Blick.

Von der Brücke wirbelte etwas herunter:

Es war rund und eckig, beides zugleich,

wie ein Dach war es, riesig groß und es

war rot-rot – ein roter Riesenregen-

schirm war es und – oh ja,

er war wunderschön.

Dumdidum strahlte.

„Auf geht's, Freunde!", rief Finnek, als sie kurz darauf alle fünf wieder im Wagen saßen. „Wir werden gewinnen! Dumdidum, halt deinen Schirm gut fest! Ich geb Gas!"

Er brauste los – und hielt mit quietschenden Reifen wieder an.

„Was ist?", fragte Timmy.

„Bis wir den normalen Weg zurück zur Rennstrecke gefunden haben, dauert das viel zu lange", sagte Finnek. „Wir müssen den Hang rauf."

„Da hinauf?" Die Freunde blickten auf den Hügel, der steil vor ihnen in die Höhe ragte. Dann sahen sie sich ratlos an.

„Nur wie?"

Einundzwanzigstes Kapitel,
in dem unsere Freunde ganz groß rauskommen

In diesem Moment fuhr ein gewaltiger Windstoß unter den Schirm. Mit einem Ruck wirbelte er das Auto ein Stück nach vorne.

Klong! – Klong!, machte die Fahne, die gegen den Mast schlug. Wieder machte der Wagen einen Satz nach vorne.

„Das ist es!", rief Finnek, wendete den Wagen und peste auf einen kleinen Hügel, der ein Stück neben der Brücke in die Höhe ragte. Kahl war er, kein einziger Baum stand auf ihm, ja, da war nichts, nur raspelkurzes Gras war da und der Wind pfiff ihnen gewaltig um die Ohren.

„Was hast du vor?", schrien die Freunde zitternd.

„Es ist kalt hier!", sagte Dumdidum, doch Finnek hörte sie in dem Getöse nicht.

Entschlossen starrte er auf die Fahne, die im Wind flatterte.

Klong! – Klong! – Klong!

Er ließ sie nicht aus den Augen, der schlaue Kerl.

Gerade als eine gewaltige Böe auf sie zukam, ließ Finnek die Handbremse los.

„Jeeeeeeeeeetzt!", schrie er. „Haltet alle den Schirm feeeest!"

Eine kolossale Windböe – ungefähr Windstärke 10 – fuhr unter das Rennauto, riss es hoch, die Freunde hoben ab, geradewegs auf die Brücke wehten sie …

... und bevor Briosch auch nur „Juhuuu! Wir fliegen!"
quietschen konnte (denn genau das hatte sie vor), landete
Morscher Pfeil auch schon sicher auf der Brücke.

Geschafft – unsere fünf Freunde waren wieder auf der
Rennstrecke! Und wenn es stimmte, was die Kellerassel
sagte, dann war es noch nicht zu spät. Sie konnten die
Gemeinen Drei noch einholen und gewinnen.

Finnek raste los.

Vor dem Podium hopste das Erdmännchen hin und her.

*„Die wüsten Tiere sind zurück! Fragen Sie mich nicht, liebe
Zuschauer, was da gerade passiert ist – im Sturm hatten wir
für einige Minuten das Bild von der Brücke komplett verloren.
Ich weiß nur eins: Sie sind wieder da, diese vier mutigen Kerle
und diese tollkühne Kängurumaus! Ja, es ist ein sagenhaftes
Team, das da auf die Gemeinen Drei zurast! Jetzt, jetzt sind sie
ganz nah an ihnen dran ... und ... werden sie überholen? Oh,
das wird spannend! Vielleicht waren sich die Gemeinen Drei
zu sicher, dass sie gewinnen. Eine Pipipause haben sie noch
eingelegt, Reifen mussten sie wechseln, es heißt, sie hätten
einen Felsbrocken im Wagen gehabt, das ist natürlich viel zu
schwer für diese Art von Profi-Rennreifen. Mag sein, dass sich
all das jetzt rächt, denn die wüsten Tiere sind pfeilschnell ..."*

Und genau so war es.

Die wüsten Tiere rasten, brausten, schneller und schneller
wurden sie, turboschnell; sie schossen auf die Zielgerade ...
... und schossen an den Gemeinen Drei vorbei.
Der Eisbär war so verdattert, dass er in eine Absperrung fuhr.
Hinter dem Mikrofon rastete das Erdmännchen aus.
„Gewonnen, gewonnen, sie haben gewonnen!", schrie es und
meinte damit ... unsere Freunde.
Das Team der wüsten Tiere.
Es hatte wirklich, wirklich gewonnen.
Ich schwör.

Doch Tiger, Eisbär und Löwe hatten sich schnell wieder berappelt. Auf der Bühne wollte der ehrwürdige Großschlunz den wüsten Tieren gerade den glänzenden Pokal überreichen, als die Gemeinen Drei plötzlich nach oben sprangen und sich den Pokal grabschten.

„Her damit!", riefen sie. „Das ist unserer!"

„Ich muss doch sehr bitten, meine Herren!" Der freundliche Großschlunz hob beschwichtigend die Hände. „Gönnen Sie Ihren jungen Freunden den Pokal!"

„Die haben betrogen!", rief der Eisbär und seine gemeinen Augen funkelten. „Sie haben Felsbrocken auf die Straße geworfen!"

Der Löwe und der Tiger grinsten hämisch und nickten. So, als wäre alles wirklich wahr, dabei war es ja genau umgekehrt!

Jetzt reichte es Timmy. Superwütend und mit vulkanlava-rotem Gesicht stemmte er die Arme in die Seite. „Heb mich mal hoch", sagte er zu Finnek.

Der Wüstenfuchs hob Timmy bis an die Eisbärennase, hielt ihn vor die Tigernase und auch löwennasenhoch.

Die Termite trippelte vor und zurück, wie bei einem echten Boxer sah das aus, doch die Gemeinen Drei bogen sich vor Lachen.

„Hach, wie süüüß!", riefen sie. „Schaut euch den Winzling an!"

„Pustekuchen!", rief der Winzling. „Angriff!" Und dann rief er:

„ToreroOo!"

Timmy trippelte, zielte, hob den rechten Boxhandschuh, holte
aus und …

Paff! Zack! Pamm!

… boxte die Drei – wow! – bis in die Erdumlaufbahn.
„Superstark!", schrie das Publikum und jubelte.

„Wie heißt du?", fragte das Erdmännchen und hielt Timmy
das Mikrofon vor die Nase. „Sag uns deinen Namen!"

Timmy verhaspelte sich, so aufgeregt
war er. „Ich ... ich bin ...", begann er.

„Das ist der Termitator!", rief Finnek dazwischen.

„Die stärkste Termite von Turboland! Und wir, wir sind
die wüsten Tiere! Aus Sandara! Und wir haben uns den Pokal
geholt!"

„Und das ist euer Applaus!", rief das Erdmännchen, während
das Publikum tobte und jubelte.

Finnek grinste und hob den Termitator auf das Podest.

Auf dem Podest stand eine Zahl: die Eins.

Klaro, dass der Termitator ganz, ganz glücklich war.

Als sich der Jubel etwas gelegt hatte, legte der Großschlunz
Dumdidum etwas um den Höcker: Es war eine Lichterkette.

Dumdidums Lichterkette!

„Wir haben sie Larry, dem Wiesel, abgenommen", erklärte der
Großschlunz. „Er musste dringend ins Gefängnis."

Glücklich knipste Dumdidum das Licht an.

Und dann feierten die wüsten Tiere bis spät in die Nacht.

„Nummer Eins" war das Letzte, was Timmy dachte, bevor er
einschlief. Und der Letzte machte die Lichterkette aus.

Zweiundzwanzigstes Kapitel,
in dem es nach Hause geht

Am Abend machten sich die wüsten Tiere auf nach Hause. „Und du willst wirklich nicht mitkommen?", fragte Finnek zum vierundvierzigsten Mal, als sie in den Rutsch-Flutsch-Röhren waren. „Du gehörst doch auch zu uns wüsten Tieren!" „Ich habe zu Hause eine Menge zu tun." Briosch lächelte und zuckte mit den Schultern. „Seit dem Rennen will jedes Tier dort, dass ich sein Auto repariere." Sie strahlte. „Ist das nicht i – wie irre schön?" Das Mäusemädchen seufzte. „Und trotzdem", sie schniefte, „ihr werdet mir fehlen. Kommt bald wieder in die Rutsch-Flutsch-Röhren, versprochen?" Sie drückte Finnek ihren Schraubenschlüssel in die Hand. „Das Geheimzeichen ist: Bumm-Bumm-Tschak. Ihr scheppert damit ordentlich gegen die Röhren, ja? Dann komme ich gerutscht-flutscht!"

So verabschiedeten sie sich.

Blitzschnell flutschten Karl und die wüsten Tiere durch ein langes Rohr zum Ausgang und – *hops!* – landeten sie im Wüstensand, mitten in Sandara.

Der Sand war noch immer warm vom Tag und breitete sich in unendlichen Wellen vor ihnen aus, so als wären sie nie weg gewesen. Die Nacht war sternenklar. Tausende von Sternen funkelten über ihnen.

„Die Rennfahrer sind wieder da!", jubelte die Post-Antilope und sprang los, um es den Tieren von Sandara zu berichten. Die Heimkehr unserer Freunde sprach sich im Nu herum: Alle Tiere kamen, um die mutigen Abenteurer und tollkühnen Rennfahrer zu feiern. Geier, Antilopen, Skorpione, die Gundis, die Wüstenigel – sie waren alle da.

Denn das hatte es noch nie gegeben: Tiere aus Sandara holten den Großen Preis von Turboland! Wie stolz alle waren auf ihr Team! Soooo stolz! Mann, war das schön!

Es gab grüne schäumende bitzelprickelige Blubberbrause und Doppeldeckerkekse mit Dattelmarmelade und in der Akazie leuchtete Dumdidums Lichterkette.

Die Tiere aus Sandara setzten sich an das prasselnde, knackende Feuer und die Abenteurer erzählten im flackernden Schein der Flammen, was sie erlebt hatten.

„*Zack! Puff! Paaaaaamm!*", rief Timmy gerade und die Gundis hingen an seinen Lippen. „Da habe ich die Gemeinen Drei bis auf den Mond geboxt! Mindestens!"

„Ich sage immer: Man muss mutig sein", erklärte Sandiago
einem Wüstenigel, der mit großen Augen zu ihm aufblickte.
„Mein Motto: Wer nicht wagt, der nicht gewinnt. Humpf."
Zwei Plätze weiter erzählte Dumdidum einem kleinen Geier:
„Himbeereis ist sooo lecker ... Und dann gab es da noch so Eis
mit Stückchen, das ist kalt und süß und heißt Mief und Muff.
Aber das war nicht so lecker."
Und Finnek, was machte der? Finnek nahm den funkelnden
Pokal hoch und reichte ihn den anderen Tieren. Jedes Tier in
der Runde durfte ihn in den Pfoten halten.
„Guckt doch, wie er glänzt!", raunten sie einander zu. „Nur
die Sterne über Sandara sind schöner ..."

Als alle Tiere der Wüste ausgeraunt hatten und Dumdidum die Lichterkette ausgeknipst hatte, sprangen unsere Freunde in die Hängematten.

„Freunde", seufzte Finnek begeistert, „was war das für ein Abenteuer!"

„Habt ihr gehört?", wisperte Timmy. „Sie nennen mich den Termitator ... Timmy, der Termitator!"

„Du warst ja auch termitatisch-galaktisch stark", schwärmte Sandiago und kuschelte sich behaglich in die Matte, die alt und vertraut und herrlich staubig roch.

Wenig später hob er noch einmal den Kopf. „Wir sind richtige Abenteurer", sagte Sandiago und es klang ein wenig verdutzt. So als wäre er von sich selbst ein bisschen überrascht.

„Na klar sind wir Abenteurer!", riefen die anderen und kicherten und lachten. „Zusammen schaffen wir alles! Wir sind doch die wüsten Tiere!"

Dann wurde es still.

Alle dachten an dasselbe.

„Ach Menno", schniefte Dumdidum. „Briosch ... Ich vermisse sie ..."

„Wer wird denn gleich schwarz sehen?", grummelte Sandiago. „Du weißt doch: Bumm-Bumm-Tschak."

Dumdidum drückte die Schnauze an seinen roten Regenschirm. Genau, dachte er, Bumm-Bumm-Tschak.

Und so schaukelten sie sanft in den Hängematten hin und
her.
Hin ...
... und her.
Und hin ...
Beim nächsten „her" waren sie alle eingeschlafen und unsere
Freunde, die wüsten Tiere, träumten von den Rutsch-Flutsch-
Röhren.
Von Himbeereis.
Von magischem Mondstreu.
Und neuen Abenteuern.
Snarpüüü.

Das war das erste Abenteuer unserer Freunde!

Aber die Welt ist groß und voller Überraschungen –
und auf die wüsten Tiere wartet schon das
nächste Abenteuer. Um die Ecke. Und diesmal …
… bekommen unsere Freunde ziemlich
nasse Pfötchen!

Lies auch das nächste Abenteuer!

Dieses Abenteuer erscheint im Frühjahr 2019.

Katalina Brause lebt mit ihrer Familie in einer großen Stadt namens Köln in der Nähe des Zoos. Wenn der Wind günstig steht, weht eine Brise Elefantendung-Duft herüber und man hört, wie der Löwe brüllt. Dann spürt sie: Es wird Zeit, ein neues Abenteuer aufzuschreiben – vielleicht gerade eines der wüsten Tiere. Die mag sie alle furchtbar gern. Am liebsten wäre sie wohl lässig wie Briosch (ihr könnt es euch schon denken: Sie ist Lichtjahre davon entfernt.) Wenn Katalina nicht schreibt oder mit ihren Kindern durch den Zoo streift, dann kann es sein, dass sie arbeitet – fast als Astronautin. Nun ja ... wirklich nur fast. Aber das ist eine andere Geschichte. Wenn ihr mögt, schreibt Katalina!

Katalina Brause
Postfach 13 02 03
50496 Köln
katalinabrause@web.de

Wiebke Rauers lebt in einer noch größeren Stadt als Katalina Brause: in Berlin. Früher hatte sie mal zwei Zwergkaninchen, von denen sich das eine für einen Hund, das andere für eine Katze hielt. Später studierte Wiebke Illustration und hat dann eine Weile Trickfilme gezeichnet. Inzwischen macht sie Bilder für Kinderbücher – und am allerliebsten zeichnet sie Tiere, liebe und flauschige und struppige und wilde und wüste. Chamäleon Sandiago zeichnet sie besonders gern, er erinnert Wiebke nämlich an eine gute Freundin. Nur ist die Zunge der Freundin etwas kürzer.

Leseprobe aus:
„Storm oder die Erfindung des Fußballs"
von Jan Birck

DAS IST STORM

So etwa muss er ausgesehen haben.

Er wurde in einer stürmischen Nacht vor über 1000 Jahren geboren und wuchs an der Küste einer großen Insel auf, die man heute England nennt. Die Menschen, die dort lebten, wussten noch nicht viel von der Welt. Deshalb hatten sie auch keine Ahnung davon, dass ihr friedliches Leben in großer Gefahr war. Denn weit im Norden, auf der anderen Seite des Meeres, lebten wilde Männer mit Zöpfen an den Bärten: die Wikinger ...

Auf in Fremde Welten!

Ein Bleistift – 1000 Abenteuer. Professor Plumbums Bleistift ist magisch: Wer mit ihm schreibt, reist in andere Welten!

Band 1 bis zum 31.12. 2018
€ (D) 3,99 | € (A) 4,10
danach € (D) 8,99 | € (A) 9,30

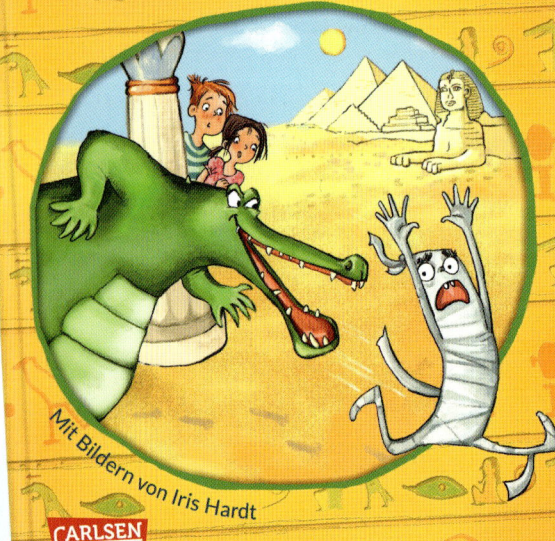

Band 2: Zwischen Fischen!, 80 Seiten
ISBN 978-3-551-65432-8
€ (D) 8,99 | € (A) 9,30

Band 1: Mumien-Alarm!, 80 Seiten
ISBN 978-3-551-65431-1

Wer hat das Fußballspiel erfunden?

JAN BIRCK

STORM
oder die Erfindung des
Fußballs

CARLSEN

ISBN 978-3-551-65125-9
128 Seiten, € (D) 12,99 | € (A) 13,40

Durchgehend
farbig
illustriert

Storm wurde in eine Kloster-schule gesteckt. Doch er hat andere Pläne: Er will ein großer Seefahrer und Krieger werden und haut ab. Leider fällt er dann ausgerechnet Ansgar dem Haarigen in die Hände: Einem waschechten Wikinger, der – von einem Hexenschuss getroffen – seinen Überfall auf Eng-land ergebnislos abbrechen muss.

Seine einzige Beute: Storm und ein kleiner Hund namens Luzifer. Von nun an müssen Storm und Luzifer beweisen, was sie wirklich drauf-haben. Es ist alles nicht so leicht … bis Storm eine bahnbrechende Erfindung macht. Eine Erfindung, die alles verändert!

CARLSEN
www.carlsen.de

Weitere Abenteuer sind in Vorbereitung.
„Die wüsten Tiere“
gibt es überall im Buchhandel
und auf www.carlsen.de

MIX
Papier aus verantwor-
tungsvollen Quellen
FSC® C002795
FSC
www.fsc.org

© Carlsen Verlag, Hamburg 2018
Umschlag und Innenillustrationen: Wiebke Rauers
Umschlaggrafik: Sabine Reddig
Lektorat: Claudia Scharf
Gestaltung und Herstellung: Constanze Hinz

ISBN 9-783-551-65286-7

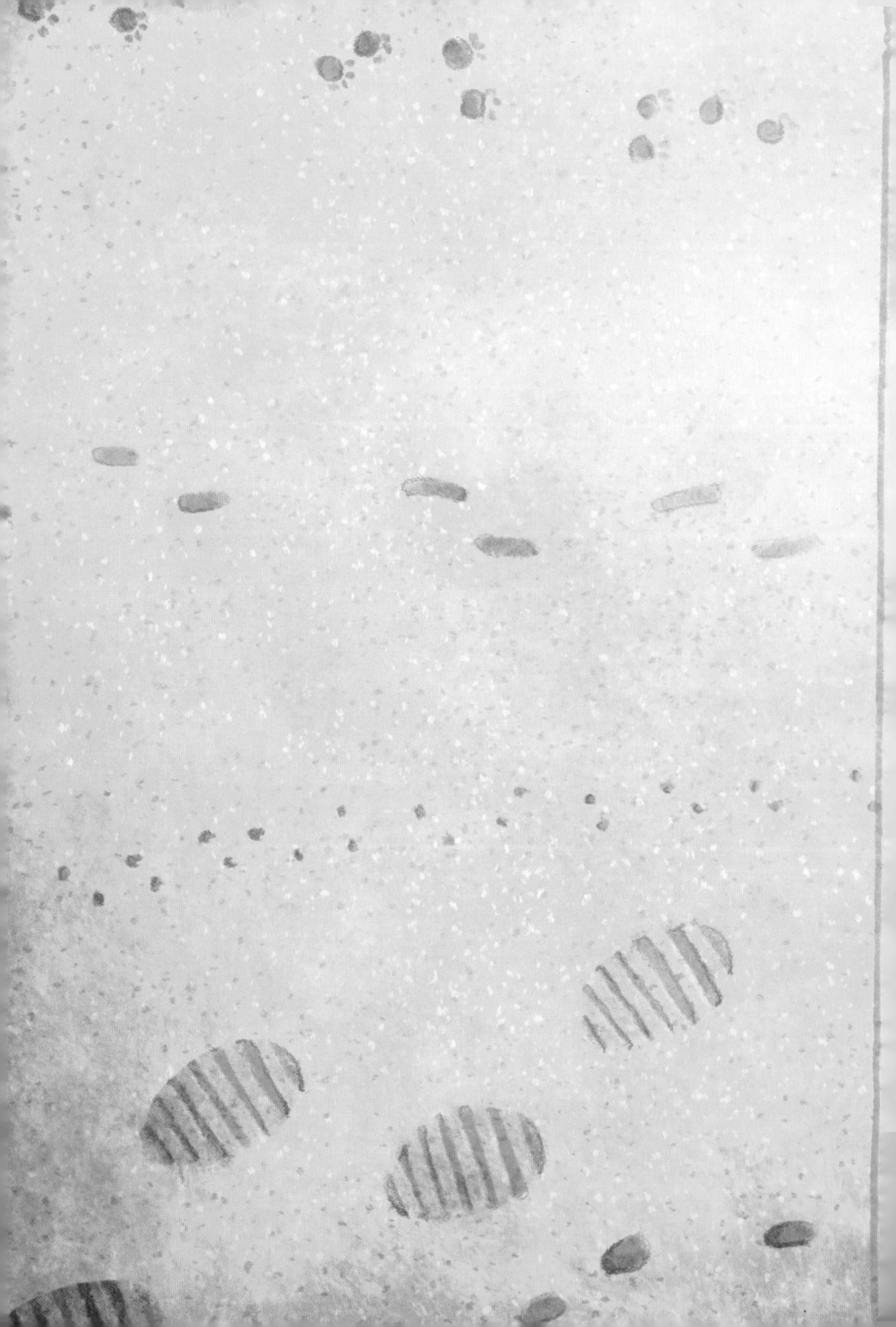